ANATOMIA DA REPORTAGEM

FREDERICO VASCONCELOS

ANATOMIA DA REPORTAGEM

COMO INVESTIGAR EMPRESAS, GOVERNOS E TRIBUNAIS

PUBLIFOLHA

Editor
Arthur Nestrovski

Editor-assistente
Rodrigo Villela

Coordenação de produção gráfica
Soraia Pauli Scarpa

Capa
Fábio Miguez

Projeto gráfico
Paula Astiz

Revisão
Daniel Bonomo e Reynaldo Damazio

Editoração eletrônica
Infografe

Dados Internacionais de Catalogação na Publicação (CIP)
(Câmara Brasileira do Livro, SP, Brasil)

Vasconcelos, Frederico
Anatomia da reportagem: como investigar empresas, governos e tribunais/Frederico Vasconcelos. – São Paulo: Publifolha, 2008.

Bibliografia
ISBN 978-85-7402-863-7

1. Corrupção - Investigação 2. Jornalismo 3. Reportagem investigativa I. Título.

08-01943 CDD-070.43

Índices para catálogo sistemático:
1. Reportagem investigativa: Jornalismo 070.43

PUBLIFOLHA
Divisão de Publicações do Grupo Folha

Al. Barão de Limeira, 401, 6º andar
CEP 01202-900, São Paulo, SP
Tel.: (11) 3224-2186/2187/2197
www.publifolha.com.br

Para Iris Walquiria, minha mulher

É preciso investigar muito. Existem jornalistas e matérias jornalísticas de diversos níveis. É possível fazer um grande jornal apenas relatando os fatos, mas acredito que um jornal assim não é capaz de cumprir o seu papel, já que não vai até o fim das coisas e deixa ao leitor a incumbência de julgar por si só.

Cláudio Abramo, *A Regra do Jogo*

INTRODUÇÃO

No final dos anos 60, os repórteres eram avaliados e invejados por suas agendas de telefones. A confiança das fontes é algo pessoal e intransferível, mas a internet abriu espaço para a rápida troca de informações, quando novos e velhos jornalistas recorrem a listas de discussões para pedir indicações de *sites*, fontes, *e-mails* e telefones.

A crise que atingiu a imprensa nos últimos anos reduziu as redações, mas deve ter reaproximado os jornalistas. Prosperam iniciativas para compartilhar experiências. Os repórteres estimulam o aprimoramento profissional e o intercâmbio de informações com os colegas, apesar do mercado cada vez mais competitivo. Uma iniciativa louvável nesse sentido é a criação da Associação Brasileira de Jornalismo Investigativo (Abraji).

Este livro, assim como os dois anteriores (*Fraude*[1] e *Juízes no Banco dos Réus*[2]), foi escrito com esse espírito. Seu primeiro objetivo é transmitir aos estudantes de jornalismo e aos novos profissionais alguns "caminhos das pedras" trilhados em 40 anos de ofício.

Cada repórter desenvolve suas técnicas de apuração. Não há regras prontas. O leitor perceberá a preferência do autor pela busca de documentos que comprovem as revelações, a opção pela prova em detrimento das declarações. Estas são indispensáveis, mas depois de concluída a apuração, valorizando-se o contraditório e as várias versões para um mesmo fato.

Para jornalistas iniciantes, a narrativa de como foram geradas algumas reportagens pode sugerir modos de identificar novas pautas. Para estudantes e professores de jornalismo, o livro pode ser roteiro para reflexões e trabalhos em sala de aula. Para assessores

1 São Paulo: Scritta, 1994.
2 São Paulo: Publifolha, 2005.

de imprensa, pode ser instigante conferir como muitas reportagens tiveram a contribuição desses profissionais, ou descobrir como outras foram realizadas contrariando as assessorias. Espero que a obra satisfaça a natural curiosidade dos leitores, ao desvendar a arquitetura dessas tarefas, da idéia da pauta à edição.

O livro trata de investigações jornalísticas em empresas, governos e tribunais. Os fatos são apresentados tal como ocorreram no momento de sua divulgação. Seria inviável atualizar todos os episódios, resgatando os desdobramentos. Assim, os personagens citados em investigações e processos devem ser vistos com a mesma ótica que norteou a publicação dos fatos à época: apenas eventuais suspeitos, com o benefício da dúvida, e que tiveram seus nomes divulgados porque havia interesse público.

Este livro é o reconhecimento do autor às inúmeras fontes que contribuíram para a realização das reportagens. É também uma homenagem aos muitos jornalistas e incentivadores desse trabalho, alvos da admiração do repórter, dentre os quais destaco o *publisher* da *Folha de S.Paulo* Octavio Frias de Oliveira (1912-2007).

parte 1
INVESTIGANDO EMPRESAS

1

Meu primeiro emprego como jornalista foi em 1967, na sucursal da revista *Manchete*, em Recife. O salário era atraente, pois correspondia aos padrões do Rio de Janeiro e de São Paulo. Os repórteres recebiam em dia, enquanto os funcionários mais simples acendiam velas nos corredores, cumprindo promessas quando os malotes de pagamento não atrasavam muito. A revista da Bloch Editores estava longe de fazer bom jornalismo. A qualidade gráfica era primorosa, e a administração da empresa um caos.

Em 1969, transferi-me para São Paulo. Dois anos depois de deixar a Bloch, descobri que meu nome permanecia no expediente das publicações. Desconfio que, no período, alguém deve ter recebido salários por mim. Não cuidei de averiguar o que ocorreu. Talvez o chamado jornalismo investigativo ainda não tivesse despertado o interesse deste repórter. Um advogado trabalhista sugeriu que eu alegasse ter ficado "aguardando ordens", artifício que me permitiria levantar uma boa quantia. Não devia me conhecer bem, pois ficou surpreso quando recusei.

Em 1973, quando comecei a trabalhar na *Gazeta Mercantil*, o jornal publicava fotos. Adotaria depois, e manteve durante muitos anos, exclusivamente o desenho dos entrevistados em bico-de-pena. O cartão de visita do único fotógrafo tinha o logotipo do jornal e uma curiosa inscrição: "Aceitam-se encomendas para casamentos e batizados". Certa vez, esse fotógrafo acompanhou-me numa entrevista com o diretor de Recursos Humanos de uma montadora de veículos. Ao despedir-se, sacou da bolsa o currículo de um sobrinho e pediu emprego para o parente.

Dias depois, um incidente indicou, a meu ver, os primeiros sinais da mudança que transformaria a *Gazeta Mercantil* numa escola de jornalismo exemplar, pelos procedimentos éticos e independência editorial, antes de sua fase de decadência e dos problemas financeiros agravados no final dos anos 80.

Recém-contratado, fui escalado para conferir a denúncia de que uma concessionária Volkswagen cobrava ágio na venda de carros zero quilômetro. Estacionei meu Fusca ano 69 no pátio da agência e pedi uma avaliação do veículo.

A recepcionista preveniu-me que haveria demora na entrega do automóvel novo, mas se eu fizesse "uma boa compra de acessórios na *boutique* da agência o carro zero sairia na semana seguinte". Identifiquei-me como jornalista e pedi para conversar com o presidente da empresa.

Depois de alguma espera, fui recebido pelo proprietário da concessionária. Sorridente, ofereceu-me água, café, balas de hortelã e uma advertência. "Essa sua reportagem não será publicada", disse. "Não sei se o senhor sabe, mas nós somos os fornecedores das peruas Kombi que distribuem o seu jornal". Meu comentário saiu sem muita convicção: "Esse é um negócio entre a sua empresa e a área administrativa do jornal, na rua São Bento. Trabalho na redação, na alameda Barão de Limeira. São departamentos distintos", disse. A redação da *Gazeta Mercantil*, então, ficava no prédio da *Folha de S.Paulo*. No dia seguinte, para minha surpresa, a reportagem foi publicada.

Exatamente 12 anos depois, em julho de 1985, com a experiência acumulada nas funções de repórter, editor e secretário-adjunto de redação da *Gazeta Mercantil*, fui convidado para trabalhar na *Folha de S.Paulo*. O jornal pretendia consolidar uma coluna de bastidores do mundo dos negócios, então chamada "Painel Econômico". A seção tinha sido editada por vários jornalistas. Naquela fase, não tinha estilo próprio, pois os responsáveis, embora competentes, dedicavam-se a outras atividades na redação.

Elaborei um pequeno projeto. Propus uma coluna com perfil semelhante ao do "Painel" político da página 4, abrigando informações *off the records*, ou seja, sem mencionar as fontes. Sugeri que todas as notícias relevantes que eu apurasse fossem publicadas apenas na coluna, pois era uma forma de valorizar o espaço. Eu pretendia me dedicar só à coluna. A proposta foi aceita. O jornal demonstrou tolerância, pois demorou alguns meses para o "Painel Econômico" se firmar como uma seção influente. No momento certo, ganhou lugar nobre, no alto da segunda página do caderno de Economia.

Ainda nos primeiros dias na *Folha*, ouvi de um velho jornalista uma recomendação nada animadora: "Se você quiser ficar muitos anos no jornal, não escreva sobre bancos, agências de publicidade e supermercados". Foi uma ducha de água fria para quem tinha planos de explorar os bastidores do mundo dos negócios. Alguns incidentes logo mostrariam como ele estava equivocado.

Com base em edital da Justiça, a coluna publicou que a Indústrias Matarazzo, concordatária desde 1983, mas ainda influente, seria executada pelo Banco do Brasil. Teria 24 horas para pagar a dívida.[3] A coluna registrou depois que a Matarazzo também seria cobrada judicialmente pelo BNDES, com risco de penhora de bens, pois não cumprira acordo de parcelamento da dívida.[4] A empresa tentou evitar a publicação dessas notícias. Eu só soube disso semanas depois. Num almoço com editores, o *publisher* da Folha, Octavio Frias de Oliveira, revelou que fora procurado, por telefone, por dirigente do grupo Matarazzo. "A informação é verdadeira?", perguntou-lhe Frias. Diante da resposta, ele afirmou: "Eu não posso fazer nada".

Em 1986, a Eluma, uma grande indústria de metalurgia, teve o balanço questionado por práticas contábeis indevidas.[5] Registramos o fato, mas havia uma pequena incorreção nos valores publicados pela coluna. Inconformada, a empresa publicou anúncio no dia seguinte, a título de corrigir os números citados, mas sem esclarecer o ponto central da divergência. Naquela mesma edição, a coluna apontou a distorção contábil não esclarecida na nota que a empresa publicou na página do "Painel Econômico".[6] Posteriormente, a Eluma republicou o balanço. O lucro anunciado anteriormente virou prejuízo.[7]

Vizinhança inesperada e mais incômoda ocorreria em 1989. O então presidente da Associação Comercial de São Paulo, Romeu Trussardi Filho, publicou artigo, ao lado do "Painel Econômico", intitulado "A Crise Moral do Presente e o País do Futuro" (4/4/1989). Protestava contra a "impunidade" e a "falta de patriotismo" dos

3 *Folha de S.Paulo,* 4/12/1985.
4 *Folha de S.Paulo,* 1/9/1987.
5 *Folha de S.Paulo,* 1/4/1986.
6 *Folha de S.Paulo,* 2/4/1986.
7 *Folha de S.Paulo,* 30/4/1986.

homens públicos: "A sucessão de acontecimentos envolvendo a má utilização de recursos públicos está anestesiando nossa reação diante deles", pontificava Trussardi. Naquela mesma edição, bem próximo daquele artigo, o "Painel Econômico" informou que a Trufana Têxtil, empresa de Trussardi, "foi autuada em Cz$ 48 milhões pela Receita, por não cumprir a totalidade do programa de exportações vinculado ao Befiex, obtido em 1981". Ou seja, a Trufana havia sido beneficiada com redução de impostos, mas aparentemente não fizera a sua parte.

Quando o então vice-presidente do Bradesco Antônio Beltran Martinez pediu desligamento do banco, meses depois de ter sido seqüestrado, o jornal quis saber como as outras instituições financeiras acompanharam o episódio. Fiz um relatório interno, confidencial, citando as várias suspeitas admitidas pela polícia, como as de um auto-seqüestro e até mesmo de um duvidoso desfalque (a polícia, como sempre, "não descarta nenhuma hipótese"). Nas conversas com banqueiros, um diretor da Polícia Federal não usava a palavra "seqüestro", mas "desaparecimento".

Eu costumava ler atas e editais das empresas. Sabia que, por determinação estatutária, os diretores do Bradesco eram obrigados, ao assumir o cargo, a lavrar de próprio punho uma declaração comprometendo-se a defender a filosofia de vida e de trabalho da organização fundada por Amador Aguiar.

Cada executivo prometia "amar o Brasil", colocar "os interesses públicos e da Organização Bradesco acima dos seus próprios interesses" e "responder pelos erros que venha a cometer, de forma a não comprometer os companheiros de trabalho e a própria Organização Bradesco". Meses antes do seqüestro, uma reforma estatutária eliminara a figura do primeiro vice-presidente. Martinez fora rebaixado, passando a ocupar uma das oito vice-presidências. Nas suposições de colegas de outros bancos, Martinez poderia ter deixado de cumprir algum daqueles compromissos firmados a mão. A direção do jornal decidiu publicar como reportagem aquele relatório reservado, logo abaixo da carta de demissão de Martinez.[8] Valeu-me no mesmo dia um convite para trabalhar na revista *Veja*, que não aceitei. No início dos anos 70, atuara como repórter

8 *Folha de S.Paulo*, 27/3/1987.

naquela revista semanal, substituindo jornalistas em férias, e não pretendia repetir a experiência.

As reportagens relatadas nos capítulos seguintes, a maioria elaborada a partir de documentos públicos, uma prática desenvolvida desde o "Painel Econômico", confirmam que aquela recomendação do velho colega de redação era um alarme falso.

2

Nas reuniões diárias dos editores da *Gazeta Mercantil*, chamavam-me a atenção as intervenções de um jornalista. Ele dava palpites sobre todos os assuntos, sabia a origem dos fatos mais relevantes e indicava aos colegas onde era possível buscar boas histórias, boas fontes de informação. Geralmente ele antevia os desdobramentos das notícias. Antônio Gouvêia Jr., advogado, foi editor de Política e de Legislação.

Chamado pelos colegas de "Doutor *Data Venia*", era muito bem informado. Gouvêia lia o *Diário Oficial*. Aquela literatura formal, insípida, era fonte inesgotável de pautas. Oficiais, seus registros costumam ser incontestáveis. Adquiri o hábito de ler balanços, editais e atas de empresas, antecipando-me às assessorias de imprensa. Muitas decisões formalizadas nesses atos só têm repercussão meses depois. Quando envolvem questões estratégicas, costumam surpreender departamentos das companhias, incluindo as assessorias de imprensa.

A partir dessas consultas, estreitei o contato com advogados, contabilistas e auditores. Formei uma ampla rede de consultores, muitos dos quais sempre tiveram, a pedido, seus nomes mantidos no anonimato. Desenvolvi o gosto pela busca de documentos, a preferência pelo registro oficial, pela comprovação dos fatos no papel, nos autos dos processos, antecedendo o jornalismo declaratório. Isso vale para a investigação jornalística sobre fatos envolvendo empresas, governos e tribunais.

A *Gazeta Mercantil* se firmou praticando jornalismo independente, quando o regime militar já dava mostras de esgotamento. O país ainda convivia com a censura à imprensa. Sua redação acolhera ex-militantes políticos de várias tendências, um balaio de gatos com opiniões divergentes que produzia textos de qualidade.

O jornalismo de negócios enfrentava resistências nas redações. Para muitos, lucro era palavrão. Como editor de Agropecuária, notei a predileção dos repórteres pelos temas sociais, como fome, reforma agrária e conflitos no campo. Naquela época, o *agrobusiness* não atraía os jornalistas. O jornalista Aloysio Biondi, nome respeitável da imprensa brasileira, foi quem me indicou para o cargo, mesmo sabendo que eu, crescido na beira do mar em Olinda (PE), nunca vira um pé de café. Paulista do interior, com sensibilidade para os problemas do pequeno produtor, Biondi vivia atento às especulações nos mercados internacionais e alimentava constantes polêmicas com as autoridades econômicas.

Com exceção de grandes grupos multinacionais, poucas empresas mantinham estruturas próprias de comunicação. Reproduziam o silêncio dos governantes. No período militar, não surpreendia um general-presidente conceder entrevistas coletivas *off the records*. Era um avanço, porque, antes, outro general reunia jornalistas e lia as perguntas e as respostas.

Nesses tempos de trevas, era comum os empresários recorrerem ao *off* para reclamar do governo ou da política econômica. Os jornais atribuíam essas informações às "fontes" dos jornalistas. Sem perceber o descuido, a *Gazeta Mercantil* certa vez chegou a publicar reportagem sobre o mercado de água mineral citando "as fontes do setor".

Era difícil um repórter iniciante conversar com dirigentes de bancos. As empreiteiras trabalhavam e faturavam em silêncio. A cautela da indústria da construção poderia ser representada pela grande empreiteira que tinha um porta-voz afônico. Muito simpático, nunca obtive informação relevante daquele fiel executivo.

Empresas de relações públicas de origem internacional atendiam a vários clientes simultaneamente. O capital estrangeiro era silenciosamente hostilizado nas redações. Profissionais de relações públicas vinculados à Câmara Americana de Comércio (Amcham) promoviam discretos encontros de executivos de multinacionais com jornalistas no Clube Nacional, em São Paulo. Tentavam, em reuniões reservadas, eliminar preconceitos e convencê-los da importância do investimento externo.

Seria injusto dizer que não havia jornalismo investigativo naquele período. Grandes escândalos no mercado financeiro vieram à tona graças à imprensa. Não existia, e talvez ainda seja rara, a prática de farejar informações relevantes nos documentos e registros das empresas, antecipando a revelação de operações insuspeitas ou suspeitas.

Contavam-se nos dedos os jornalistas que sabiam analisar balanços (em geral, os repórteres só percebiam que havia boas pautas no dia-a-dia das empresas, quando deixavam as redações para atuar em assessorias de imprensa no setor privado).

As editorias de economia priorizavam a política econômica, seus efeitos na vida dos consumidores. Os jornais especializados faziam uma cobertura setorial, possuíam jornalistas com intimidade para elaborar ótimas reportagens e análises sobre cada área. Mas não se fazia jornalismo investigativo em empresas.

Ao submeter à *Folha* a proposta da coluna de bastidores de negócios, comentei como a imprensa econômica no país era morna, comparando-se com o jornalismo de negócios nos Estados Unidos e na Europa. Aqui, as empresas não quebravam, prejuízo não era notícia, não havia balanços maquiados nem escândalos e fraudes nas corporações.

Em 2007, essa constatação continuava atual e viria a ser reforçada com avaliação do jornalista Luciano Martins Costa, no *Observatório da Imprensa*, sobre o escândalo envolvendo a multinacional de informática Cisco Systems, alvo de investigação da Polícia Federal e da Receita Federal. A imprensa deixara de lado, segundo ele, "elementos importantes do sistema de importação e distribuição de produtos de informática na chamada periferia da economia global".[9]

Para Martins Costa, "seria razoável esperar que, não se dispondo a noticiar informações sobre bons procedimentos das empresas nos aspectos ambiental, social e ético, a mídia cuidasse, ao contrário, de abordar as vulnerabilidades do ambiente de negócios quanto a desperdício de energia, irresponsabilidade social e outras práticas negativas, como concorrência desleal e risco de fraudes. Assim como não tem disposição ou habilitação para esse tipo de cobertura, a imprensa também revelou não possuir recursos para ir além do que liberam as autoridades policiais". O observador concluiu que "a imprensa, sempre animada para desvendar a de-

9 "Caso Cisco: A Mídia Cobre Mal o Crime Corporativo." *Observatório da Imprensa*, 23/10/2007.

linqüência de indivíduos e a corrupção nas instituições públicas, não sabe e não quer saber como cobrir o crime corporativo".

Por que a imprensa é tímida ao investigar empresas privadas? É possível alinhar algumas hipóteses. A primeira suposição: os veículos de comunicação têm receio de perderem anunciantes. As reportagens na imprensa escrita são feitas para preencher os espaços não ocupados por anúncios, segundo a *boutade*. Essa explicação, contudo, é insuficiente. Uma segunda hipótese: as empresas privadas são mais ágeis para contestar acusações ou para inibir a revelação de denúncias, em comparação com as instituições públicas. Estas são lentas para reagir e sem o aparato jurídico e de *lobby* do setor privado. Falta aos jornalistas também a noção sobre como desvios de conduta na esfera privada têm impacto e interesse público, o que fica evidente na reduzida cobertura da imprensa sobre infrações à concorrência. Isso tudo é verdade, mas ainda incapaz de responder plenamente à questão. Uma terceira hipótese: jornalistas não sabem investigar empresas porque não têm intimidade com o mundo dos negócios. Em geral, a redação é seu primeiro local de trabalho.

Nos anos 70, em seminário internacional de jornalismo promovido pela IBM em São Paulo, um diretor da revista norte-americana *Business Week* surpreendeu os jornalistas brasileiros ao descrever sua experiência profissional antes de assumir o comando daquela publicação de negócios. Ele trabalhara numa empresa coletora de lixo, fora corretor de imóveis e vendedor de jazigos.

Para ser um razoável repórter de economia não se exige currículo tão diversificado. Não atuei em ofícios semelhantes, mas comecei a trabalhar cedo. Fui *office-boy* em empresa nacional e numa multinacional. Fiz serviços simples, fui ascensorista e entregador de pães e de correspondência. Realizei trabalhos complexos, como a operação de computadores e o processamento eletrônico do movimento diário das agências bancárias numa instituição financeira privada.

Quem passou por outras empresas antes de pisar numa redação tem idéia das relações entre fornecedores de matéria-prima e fabricantes de produtos. Conhece os canais de distribuição e as várias formas de concorrência no mercado. Deve ter testemunhado ou vivido conflitos entre o capital e o trabalho. Deve ter visto com outro olhar as campanhas publicitárias e estratégias de *marketing* para encantar o consumidor. Deve ter percebido o peso da carga tributária na manutenção e sobrevivência de uma empresa.

Os jornalistas devem entender como os empresários tomam decisões. A informação é um produto valioso. Muitas vezes, sem perceber, o repórter, ao buscar a notícia, está levando informações para a empresa alvo da reportagem. Empresários geralmente sabem ouvir. Têm interesse no que circula sobre suas atividades, qual é a imagem da empresa etc. E, principalmente, desejam saber com clareza qual é o objetivo real do jornalista.

Se a informação é exclusiva e relevante, o jornalista não deve deixar para buscar o "outro lado" na véspera da publicação. Deve dar tempo às partes para se defenderem da melhor forma possível. Deve pedir documentos e o acesso a processos. Há um duplo benefício. O repórter terá mais tempo para investigar as irregularidades e mais informações para sopesar os fatos. A reportagem ficará mais equilibrada, eventuais erros não serão vistos como desinteresse ou má fé. O entrevistado vai preferir que um eventual desdobramento ou retificação saia na mesma publicação, sem o caráter de "cobrança", ou sob a forma de uma carta indignada ou um pedido de reparação.

É importante, antes de fazer uma entrevista, estar bem informado sobre os negócios da empresa. É recomendável não sonegar informações que serão publicadas, nem economizar perguntas para tirar dúvidas antes da impressão do texto. A timidez ou a arrogância dos jornalistas diante de experientes executivos produz efeitos desastrosos: costumo dizer que o repórter inexperiente às vezes finge saber o que não sabe; o empresário, mais esperto, finge desconhecer o que domina. O leitor fica sabendo menos que os dois.

3

As empresas abertas, ou seja, com ações negociadas em Bolsas de Valores, são obrigadas a prestar informações aos acionistas sobre seu desempenho: resultados (lucros ou prejuízos), aquisições, associações, novos investimentos etc. Pelo menos duas vezes por ano elas publicam o balanço patrimonial e o demonstrativo de resultados. Prestam informações trimestrais à Comissão de Valores Mobiliários (CVM), o chamado xerife do mercado de capitais. Esses dados são fundamentais para a decisão de compra ou venda das ações pelo investidor. Como são informações públicas, estão disponíveis aos acionistas, aos analistas de mercado, aos investidores e também aos jornalistas.

Fusões, aquisições, ampliações de unidades devem ser divulgadas ao mercado de forma ampla por meio de "Fatos Relevantes", notas e editais publicados na grande imprensa. Cabe ao órgão fiscalizador garantir total *disclosure*, ou seja, a transparência na divulgação desses fatos, para evitar que pessoas ou empresas se beneficiem indevidamente de informações privilegiadas (*insider information*).

Outras peças relevantes arquivadas nas Bolsas são os acordos de acionistas, material valioso quando há uma disputa societária, e as atas dos Conselhos de Administração. Esses conselhos reúnem representantes dos controladores da empresa, membros indicados pelos grandes acionistas, representantes eleitos pelos funcionários e profissionais de renome contratados para prestação de consultoria. As grandes decisões das companhias são tomadas ouvindo-se esse colegiado. Há também o Conselho Fiscal, formado por especialistas para analisar as contas da empresa e recomendar a aprovação dos demonstrativos financeiros.

Antes de procurar informações na empresa é importante verificar quem são os controladores, conhecer o perfil da sociedade. A composição do Conselho de Administração é uma referência sobre os critérios de gestão. No início dos anos 80, ainda como herança do regime autoritário, muitas vagas nos conselhos de grandes empresas eram ocupadas por ex-militares. Alguns tinham conhecimento dos negócios, principalmente se a empresa atuava no setor de engenharia ou numa área estratégica. Muitos, contudo, eram figuras decorativas, extensão da mordomia estatal.

Naquela época, a Bolsa de Valores de São Paulo não tinha listas dos membros dos Conselhos de Administração. Durante mais de um mês, fui diariamente à biblioteca da Bovespa, onde, em pé, consultava velhas pastas com os dados de cada companhia aberta. Esse levantamento gerou reportagem confirmando a preferência de grupos privados por ex-ministros de Estado ou notáveis saídos do primeiro escalão da burocracia oficial.[10] Sugeri a Spacca, artista gráfico, a ilustração da reportagem: um conselheiro de fraque, com as logomarcas de várias companhias estampadas no traje, tal como a vestimenta de pilotos de corrida.

"Quando o Conselho de Administração do Banco do Brasil se reúne, ocorre, na prática, um curioso e pouco conhecido processo de integração entre empresa privada e governo", iniciava a reportagem. "Três conselheiros – Nestor Jost, Karlos Rischbieter e João Baptista Leopoldo Figueiredo, ex-presidentes do banco – são, simultaneamente, conselheiros de 25 empresas privadas nacionais e multinacionais."

João Bosco Lodi, consultor de empresas e especialista em administração, comentou: "Essa é uma prática comum também nos Estados Unidos e ajuda a elevar o nível ético do *lobby* brasileiro". Lodi reproduziria, depois, a reportagem em seu livro sobre o tema.[11]

"Os Conselhos de Administração das empresas têm o poder de contratar e destituir as firmas de auditoria. Mas são incapazes de detectar balanços maquiados e operações fraudulentas", afirmei, em reportagem na *Folha*, anos depois. "Quando a irregularidade é descoberta, os conselheiros podem acordar com os bens indisponíveis e sujeitos a ação penal, mesmo que não tenham participado de uma fraude arquitetada por diretores ou proprietários

10 *Folha de S.Paulo*, 31/5/1987.

11 J. B. Lodi, *Conselho de Administração*. São Paulo: Livraria Pioneira Editora, 1988.

da empresa." Os conselheiros têm acesso limitado aos auditores externos, pouco tempo para examinar documentos, e não contam com assessoria para eliminar dúvidas. Segundo Lodi, "somente os conselheiros mais íntimos da direção da empresa chegam ao ponto de questionar um eventual 'caixa dois' ou recomendar que a empresa baixe os níveis da economia informal".[12]

Balanços, editais, acordos de acionistas, atas de assembléias e de reuniões do Conselho de Administração são o primeiro "caminho das pedras" para as reportagens. Se a assessoria de imprensa da empresa cria dificuldades para prestar informações, o jornalista pode recorrer ao diretor de Relações com o Mercado. Registrado na CVM, ele é obrigado a esclarecer dúvidas de acionistas sobre as atividades da companhia.

Quando se trata de reportagem envolvendo uma companhia fechada, que não tem ações em Bolsa, o primeiro passo do repórter é levantar informações na Junta Comercial, onde é possível obter a ficha cadastral da firma. O documento informa a data de constituição, endereço, objeto da empresa, nome dos sócios e dos diretores, capital e as alterações na sociedade nos últimos anos. Pode ser um primeiro mapa indicando outras sociedades das quais participem os acionistas. Outras informações podem ser encontradas a partir do balanço.

O balanço é uma espécie de fotografia da empresa em determinado momento. Reflete a situação patrimonial da companhia. Para uma avaliação preliminar, é conveniente a comparação com exercícios anteriores (o exercício social é o período entre dois balanços). O Relatório da Administração traz a descrição, pelos administradores, do desempenho da empresa naquele ano. Nesse espaço, a diretoria geralmente comenta a conjuntura econômica, os principais investimentos, os fatores que influíram no resultado do exercício e as previsões para o próximo ano. Não se trata de peça de maior interesse para o jornalismo investigativo. Em geral, reproduz a visão otimista da administração.

Os resultados do exercício são apresentados em quadro especial (demonstrativo de resultados). De um lado, estão as contas que representam bens e direitos (ativos). No outro lado, as contas que

12 *Folha de S.Paulo*, 17/3/1996.

representam obrigações (dívidas) e o patrimônio dos acionistas. O balanço apresenta os capitais empregados pela empresa segundo sua origem: recursos de terceiros (passivo exigível) e os recursos próprios (patrimônio líquido). Os números retratam a situação econômico-financeira da empresa.

Cálculos simples permitem avaliar o funcionamento estrutural da empresa e os indicadores de solvência. Ou seja, indicam a capacidade de a empresa cumprir seus compromissos com recursos próprios (índice de capitalização), quantos reais ela tem de terceiros para cada real próprio (índice de endividamento), quanto ela tem de reais tomados em bancos para cada real próprio (índice de endividamento oneroso). Há índices para avaliar se a empresa está comprando muitos equipamentos ou imóveis (índice de imobilização). É possível também avaliar a capacidade de pagamento dos compromissos (índice de liquidez geral) e a capacidade de honrar os compromissos de curto prazo (índice de liquidez corrente).

Embora sejam operações fáceis de entender, é recomendável consultar especialistas para analisar os números em função de variáveis do mercado, projeções de demanda, concorrência no setor, conjuntura econômica etc. O exame rápido desses números antes de uma entrevista oferece uma avaliação objetiva da empresa. Esse cuidado é valioso quando se tenta passar ao jornalista uma situação confortável distinta da realidade.

As "Notas Explicativas" do balanço detalham os critérios contábeis adotados. Ali a empresa cita os eventuais incidentes que influíram no resultado. Essa é uma primeira área a merecer a atenção do repórter. Finalmente, há o Parecer dos Auditores Independentes (auditores externos). É importante conferir se eles fazem ressalvas, espécie de alerta aos acionistas. Pendências judiciais e renegociações de dívidas, por exemplo, poderão influir no desempenho da companhia nos anos seguintes. Quando envolvem valores expressivos, são fatos destacados em ressalvas no parecer.

A leitura atenta dessas peças permite identificar, com certa antecedência, situações de insolvência. A título de exemplo: no Brasil, várias companhias de aviação operaram durante muitos anos apesar de registrarem "patrimônio líquido negativo" ou "passivo a descoberto" em valores elevados. Ou seja, se fossem somados todos os ativos (bens, imóveis, mercadorias, máquinas, veículos, investimentos e valores em bancos), ainda assim esses recursos seriam insuficientes para pagar as dívidas.

4

No último dia do ano as pessoas não dedicam muito tempo à leitura de jornais. No dia 31 de dezembro de 1986, possivelmente ninguém estaria interessado em ler as seções de editais das empresas. Talvez este repórter tenha sido uma raríssima exceção. A caminho do jornal para preparar as colunas dos feriados, resolvi passar os olhos nesse caderno da *Gazeta Mercantil*, onde são publicados os balanços e anúncios oficiais das empresas. Foi assim que descobri um grande furo, confirmando suspeita anterior.

A Cobrasma, empresa do então presidente da Federação das Indústrias do Estado de São Paulo (Fiesp), Luís Eulálio de Bueno Vidigal Filho, publicara uma pequena nota, sem a logomarca daquela indústria de equipamentos ferroviários. Discretamente "informava" ao mercado que os lucros previstos para aquele exercício não deveriam se confirmar.

Seis meses antes, a Cobrasma havia feito a maior emissão de ações da história do mercado de capitais. Foram colocadas à venda 25,5 bilhões de ações com base em projeções otimistas. Apoiada por três grandes bancos, Bradesco, Crefisul e BCN, a empresa foi buscar recursos privados com o aceno de que valia a pena investir naquele papel.

O anúncio dessa emissão foi feito com grande aparato e alavancado pelo prestígio de Vidigal. Ele concedeu entrevistas e participou de reuniões com analistas de mercado, quando apresentou um cenário favorável para o crescimento do setor ferroviário – uma atividade dependente de investimentos do governo.

A emissão ainda estava em andamento quando surgiram as primeiras informações de que as previsões da empresa haviam sido superestimadas. Na ocasião, fui alertado por um atento leitor do Painel Econômico que revelou o "mico" no mercado. Ou seja, a cada dia a ação valia menos, pois a empresa fizera revisão das projeções.

Em setembro, a Cobrasma reduziu o lucro previsto. A nota escondida, publicada sem a marca da empresa no último dia do ano, era um fato grave. Tive a dimensão da descoberta, mas temia não conseguir confirmá-la na véspera de um feriado ou não obter uma manifestação da empresa. Mas a sorte estava do meu lado.

Chegando ao jornal, telefonei para a sede da Comissão de Valores Mobiliários, no Rio de Janeiro. Encontrei um técnico do órgão naquela manhã. Para não influenciar sua opinião, descrevi os fatos sem identificar a empresa. "Esse é um caso de polícia", comentou. Liguei para a Cobrasma. Novamente, os bons ventos estavam a meu favor. O diretor-financeiro, Ércio Pinto Tavares, encontrava-se na empresa. "Tivemos um ano muito difícil", ele disse. Fui gentil, mas enfático. "O senhor tem idéia da gravidade dessa publicação?", perguntei duas vezes. Devo ter estragado o *réveillon* do executivo. Desafio maior foi convencer os editores de plantão de que tínhamos um escândalo envolvendo valores elevados e personagens influentes no meio empresarial. Não consegui.

No dia seguinte, metade do "Painel Econômico" foi dedicada à Cobrasma. A coluna informou na primeira edição de 1987: "A Cobrasma, empresa do presidente da Fiesp, Luís Eulálio de Bueno Vidigal Filho, publicou ontem, no último dia do ano, nota oficial alterando pela segunda vez a estimativa de resultado para o exercício de 1986: de um lucro de Cz$ 56,5 milhões [moeda da época] para um prejuízo de Cz$ 74,2 milhões". Três meses antes, a empresa já reduzira a previsão de lucro de Cz$ 286 milhões para Cz$ 56,5 milhões.[13]

O registro da Cobrasma saiu escondido, mas deixava à mostra a alegada origem da frustração das projeções. "A nota divulgada ontem deverá causar polêmica, pois a Cobrasma admite ter feito suas primeiras projeções com base 'na expectativa' de correção de preços de seus produtos, criada 'por fontes autorizadas do governo, ora por meio de insinuações ora por meio de informações verbais oficiosas'."

A economia trabalhava com preços congelados. Mesmo assim, a empresa projetara lucros com base "na expectativa de correção de preços de seus produtos". A nota da empresa também atribuía

13 *Folha de S.Paulo*, 1/1/1987.

a revisão dos resultados à alta dos salários, às dificuldades de obter matéria-prima e ao ônus de recorrer ao mercado financeiro com taxas elevadas.

O diretor da Cobrasma comentou, no telefonema: "Os aplicadores têm razão de achar ruim, de se sentirem frustrados, mas a empresa tem patrimônio e tem tradição". E continuou: "Tivemos apenas um ano errado, um azar desgraçado". Na reabertura das Bolsas, em janeiro, as cotações das ações da Cobrasma caíram 10%.[14]

A CVM demorou a instaurar uma investigação preliminar. Embora a operação fosse sustentada por três grandes bancos, com a participação de 124 instituições do mercado, aquele "mico" milionário não gerou maior grita. Posteriormente, a CVM condenou os dirigentes da Cobrasma em processo administrativo. Depois, seria aberta uma ação penal. O escândalo ganhou maior espaço nos jornais e foi capa da revista *Veja*, projetando o presidente da CVM, advogado Luiz Octavio da Motta Veiga (que viria a ser um dos arquitetos do Plano Collor, em cujo governo presidiu a Petrobras).

Numa das vindas a São Paulo, Motta Veiga passava de automóvel em frente da sede da Fiesp, na Avenida Paulista, quando Vidigal posava para fotos. O prédio acabara de ganhar o nome do industrial, numa manifestação de solidariedade ao dirigente desgastado por uma operação altamente controvertida, para dizer o mínimo.

Conhecia Vidigal de encontros formais na Fiesp. Era inegável sua liderança. Assumira a presidência da federação no primeiro movimento de oposição que ultrapassara os limites da entidade empresarial. Foi uma campanha organizada nos moldes de uma disputa partidária, com assessoria profissional. Mesmo sendo um empresário de trato fácil com os jornalistas, não mantivemos contato logo depois da publicação daquelas notas de fim de ano. A empresa não possuía assessoria de imprensa e minhas tentativas por telefone não ultrapassavam a barreira da secretária da presidência.

Um dia, enviei um fax direto para a presidência da Cobrasma. Em ofício com timbre da *Folha*, informei que publicaríamos no dia seguinte outra reportagem sobre a empresa e gostaríamos de obter as alegações de seus dirigentes. Menos de meia hora de-

14 *Folha de S. Paulo*, 3/1/1987.

pois, Vidigal telefonou-me. Fizemos um trato, respeitado a partir de então. Eu não publicaria nada sobre a empresa sem, antes, procurá-lo diretamente. E ele atenderia e comentaria os fatos. O empresário deu-me os telefones residenciais e os de sua fazenda. O pacto foi cumprido.

Antes desse acordo de cavalheiros, recebi alguns telefonemas anônimos. Nada ameaçador nem ofensivo, mas era uma provocação. Procurei Ney Figueiredo, um consultor da Fiesp, amigo de Vidigal. Disse-lhe não acreditar que o empresário estivesse por trás dessas ligações; avisei-o de que informara à direção do jornal e entendia que a eventual divulgação dessa aparente intimidação seria prejudicial para Vidigal e para a empresa. Vidigal tem um estilo franco. O recado que recebi dizia mais ou menos o seguinte: "Diga ao Fred que eu posso não ser inteligente, mas burro eu não sou. Eu não faria isso". Coincidência ou não, os telefonemas pararam.

Nos anos seguintes, Vidigal tornou-se uma boa fonte da coluna. Nunca recebi uma informação incorreta dele. Atribuo isso ao cumprimento daquele compromisso de sempre procurá-lo previamente. Meses depois, recebi um telefonema seu na hora do almoço. Vidigal me avisou que a empresa entraria com pedido de concordata no final daquela tarde. Ele disse que queria me dar tempo suficiente para fazer uma reportagem cuidadosa. O que eu fiz.[15]

Vidigal e os outros dirigentes da Cobrasma livraram-se da punição imposta pela CVM em julgamento no Conselho de Recursos do Sistema Financeiro Nacional (o "Conselhinho"). Trata-se de órgão paritário, que funciona no Banco Central, formado por quatro membros do governo e quatro indicados pelo setor privado. O "Conselhinho" julga recursos contra punições aplicadas pelo BC e pela CVM. Na esfera judicial, Vidigal safou-se de ação penal porque o então procurador da República Antônio Augusto César perdeu o prazo para recorrer de decisão tomada pelo juiz federal João Carlos da Rocha Mattos, favorável ao empresário. Por causa disso, César foi alvo de sindicância em 1989. O procurador e o magistrado surgiriam novamente juntos, em 2003, na Operação Anaconda, investigação do Ministério Público Federal

15 *Folha de S.Paulo*, 6/3/1991.

e da Polícia Federal sobre quadrilha acusada de negociar decisões judiciais em São Paulo, fatos que serão relatados em capítulo próprio, adiante.

5

Assim como ocorre na área política, também no jornalismo de negócios há dossiês pré-elaborados. Em 1987, o empresário Mario Garnero enviou a jornalistas de quatro grandes veículos um calhamaço de documentos sobre a liquidação extrajudicial, em 1985, de seu banco de investimentos Brasilinvest. Garnero, que teve uma carreira sempre próxima dos holofotes da imprensa, era assistido pelo advogado Márcio Thomaz Bastos.

Seu material foi reproduzido de forma acrítica pelos grandes jornais, com exceção da *Folha*. Ao receber o dossiê, sugeri afastar-me do "Painel Econômico" durante uma semana. Despertara a minha atenção o fato de Garnero não haver juntado seu próprio depoimento à Justiça Federal, embora reproduzisse o dos empresários Mauro Salles, Wolfgang Sauer e Hélio Smidt, conselheiros do Brasilinvest. Antes de divulgar o dossiê, na reportagem intitulada "A Versão de Garnero Sobre o Brasilinvest", examinei o processo na Justiça, consultei autoridades e personagens citados no levantamento, ouvi promotores e auditores do Banco Central.[16]

O texto abria assim: "Mario Garnero cumpriu uma velha promessa. Reuniu nos últimos meses vários documentos e esperou a melhor ocasião para revelar o que ele e seus advogados consideram 'a verdade' sobre o caso Brasilinvest". E prosseguia: "Ao decidir romper o silêncio a que se impôs nos últimos meses, o ex-presidente do Brasilinvest poderá ser atingido pelo ricochetear da munição que ele próprio disparou. [...] Há afirmações conflitantes, depoimentos prestados em Juízo e fatos que não sustentam as afirmações de Garnero e de seus advogados". Um relatório da Comissão de Inquérito nomeada pelo Banco Central concluíra que a quebra do Brasilinvest "deveu-se à prática de operações de empréstimos irregulares para empresas inidôneas que não puderam

16 *Folha de S.Paulo*, 9/11/1987.

ou não efetuaram dolosamente o pagamento de suas dívidas para com o credor". Um auditor do Ministério da Fazenda afirmou: "Não foi o Banco Central que inviabilizou o Brasilinvest. Garnero havia quebrado a empresa".

A reportagem abrigou as alegações do empresário. Ele se dizia vítima de perseguição no então governo Figueiredo. "Contra os diretores do Brasilinvest", disse, "desencadeou-se a mais furiosa repressão da história bancária do país". O empresário afirmou não perdoar o governo por não lhe ter dado prazo para vender o banco. Segundo Garnero, "as negociações foram interrompidas pela liquidação extrajudicial e não devíamos um centavo ao Tesouro. [...] Eu pedi ao Banco Central uma declaração oficial, comprovando que o Brasilinvest nunca recebeu uma punição do BC e até hoje não recebi esse documento", afirmou também.

Garnero se livrou dos processos na Justiça. O caso Brasilinvest viria a ser apontado pelo consultor João Bosco Lodi como exemplo de uma sociedade cujo Conselho de Administração, formado de notáveis executivos da área de publicidade (Salles), da indústria automobilística (Sauer) e da aviação (Smidt), desconhecia os negócios da empresa. "O caso Brasilinvest popularizou a idéia de um Conselho que não sabe o que a diretoria da empresa está fazendo, situação que não difere de outras por aí", nas palavras de Lodi.[17]

O "Painel Econômico" gozava de invejável independência editorial. Costumava submeter à direção do jornal as informações sobre os fatos mais polêmicos. Nunca me pediram isso, mas achava que era minha obrigação. Em geral, não havia restrições às notas que redigia para a coluna. Lembro-me de haver cometido dois erros graves. Uma vez, numa sexta-feira, abriguei a informação de uma redatora sobre intervenção que o Banco Central faria numa corretora. Infelizmente, ela trocara o nome da instituição e eu, confiando no fato de que a jornalista cobria o mercado de capitais, não checara a informação. Em outra ocasião, também num final de semana, trouxe para o jornal a especulação de que teria havido manipulação em um leilão de títulos. O que inicialmente eu previa publicar sem identificação das instituições, ganhou maior espaço no jornal e o assunto foi para a primeira página. Tivemos

17 *Folha de S.Paulo*, 17/3/1996.

que amargar um desmentido oficial na segunda-feira. Embora a decisão editorial não fosse individual, assumi a responsabilidade pelo erro.

Quando a *Gazeta Mercantil* deu os primeiros sinais da grave crise financeira que vivia, comuniquei à direção da *Folha* que me sentia impedido de escrever sobre a empresa jornalística. No final dos anos 70, coloquei o meu cargo à disposição e fui demitido daquele jornal de economia porque me recusei a dispensar dois repórteres, uma determinação da direção da redação – então sob comando do jornalista Roberto Müller Filho –, decisão que considerei injusta. Fui orientado pela *Folha* a tratar os assuntos sobre aquele jornal, na coluna, como os de qualquer outra empresa.

Sempre tive acesso fácil ao presidente da *Gazeta Mercantil*, Luiz Fernando Levy. Ele era procurado previamente quando publicávamos fatos sobre seu jornal. Em junho de 1994, quando a Gazeta Mercantil S/A concluiu o processo de abertura de capital, levantando US$ 23 milhões junto a fundos de pensão, registramos que ela foi obrigada a reformular seu balanço para ver aprovado pela CVM o registro como empresa aberta. O órgão questionou a reserva de avaliação de US$ 136 milhões (valor da companhia) com base no valor estimado da "marca" Gazeta Mercantil ("ativo intangível"). Alguns especialistas consideraram isso uma espécie de "maquiagem" do balanço, porque incharia o patrimônio e comprometeria a avaliação da empresa. Ouvimos o advogado Ary Oswaldo Mattos Filho, ex-presidente da CVM. Ele assessorou a Gazeta Mercantil na operação e entendeu que o órgão não podia entrar no mérito da questão. "O laudo de avaliação foi aprovado por todos os acionistas e a proposta da empresa foi analisada por todas as instituições, que acharam o procedimento correto", disse.[18]

Fato mais grave foi registrado na coluna em novembro daquele ano: "Diretores da Gazeta Mercantil S/A foram denunciados por apropriação indébita de contribuições previdenciárias de seus empregados durante 15 meses. O débito correspondia a R$ 1,7 milhão em julho de 1993. A empresa alega já haver pago a dívida, mas a reparação do dano não impede a ação penal". A coluna

18 *Folha de S.Paulo*, 11/6/1994.

registrou: "O juiz federal da 4ª Vara Criminal de São Paulo, Casem Mazloum, marcou o interrogatório dos diretores da Gazeta Mercantil S/A para o dia 16 de dezembro".[19]

A coluna adotou desde o início um estilo leve ao lidar com questões geralmente áridas. Registrava com humor e certa irreverência os bastidores de grandes operações ou a atuação de lideranças empresariais. No final dos anos oitenta, a imprensa costumava tratar com exagerada solenidade os representantes da Fiesp, sempre citada como a "poderosa entidade" da indústria. Numa das poucas incursões em outros espaços, fui convidado a escrever num dos suplementos semanais um artigo sobre o desgaste daquela federação. Recebeu o seguinte título: "Um Mito Plantado na Avenida Paulista".[20]

O artigo começava assim: "Dedo em riste, o primeiro vice-presidente da Fiesp, Carlos Eduardo Moreira Ferreira, advertia, numa entrevista coletiva: 'Ninguém governa este país sem o apoio desta casa'. Pura bazófia". O texto apresentou a Fiesp como um grande cartório com "sindicatos de gaveta". O voto da influente indústria de máquinas tinha o mesmo peso do voto do sindicato da indústria de guarda-chuvas e bengalas, ou o do sindicato da indústria de roupas de homem, ou, ainda, o do sindicato da indústria de camisas para homem e roupas brancas. Essa situação garantia a permanência do mesmo grupo político no comando da Fiesp, contra o que um grupo de jovens empresários se revoltou, formando o Pensamento Nacional das Bases Empresariais (PNBE). A indústria paulista não conseguia romper a força política dos empresários nordestinos no comando na Confederação Nacional da Indústria (CNI). "O Brasil mudou. Hoje, o ABC não é mais o centro de tensões do país. O epicentro é Brasília e a 'Nova República' inaugura um período em que a influência das entidades empresariais foi reduzida, embora não possa ser desprezada." A Fiesp deixara de indicar e "fritar" ministros, poder atribuído pela mídia. O artigo era uma espécie de contraponto ao perfil simpático de Mário Amato, então presidente da Fiesp, publicado na mesma edição, redigido pela colunista Joyce Pascowitch sob o título "O Bem Amato".

19 *Folha de S.Paulo*, 5/11/1994.
20 *Folha de S.Paulo*, 23/7/1989.

Falastrão, Amato era alvo fácil da imprensa. Ficou estigmatizado quando, em outubro de 1989, exagerou ao dizer que 800 mil empresários deixariam o país caso Lula ganhasse as eleições presidenciais, vencendo o candidato Fernando Collor de Mello (PRN). Naquele mesmo ano, disse que a então ministra Dorothea Werneck era "inteligente, apesar de ser mulher". Ele era constantemente citado na coluna. Sempre afável e acessível, nunca tivemos desentendimentos. Boxeador, o empresário parecia não ligar para os golpes da mídia. Essa boa relação garantiria um furo, anos depois. Diante do desgaste de Paulo Maluf no meio empresarial, um dia perguntei a Amato se ele votaria no ex-governador no segundo turno das eleições para prefeito em outubro de 2000. O empresário "anti-Lula" respondeu sem titubear: "Se as pesquisas indicarem que Marta Suplicy ganhará com grande vantagem, eu votarei em branco. Mas se houver o risco de ela perder a eleição, votarei nela". A declaração ganhou primeira página.[21]

Ao contrário do restante da imprensa, na *Folha* sempre foi possível fazer o perfil de líderes empresariais sem pompa e circunstância. Foi desta forma que retratei Abraham Kasinski, fundador da Cofap, maior fabricante de autopeças. No final dos anos 90, a empresa enfrentava uma crise familiar incontornável. Houve uma "operação de salvamento" da indústria, quando o Bradesco recomprou as ações de seus filhos, que queriam afastar o empreendedor do comando da Cofap. A negociação foi conduzida pelo Brasilinvest (Mario Garnero manteve com este repórter uma relação profissional e respeitosa, mesmo depois da reportagem sobre o dossiê do Brasilinvest). Fui informado dos detalhes da operação estratégica realizada em salas separadas, no último andar do prédio do Brasilinvest, onde foram distribuídos parentes da família Kasinski que não queriam se encontrar. Advogados faziam sucessivas viagens de helicóptero entre Santo André, sede da Cofap, e Osasco, sede do Bradesco.

Em julho de 1997, às vésperas de completar 80 anos, Kasinski concedeu-me longa entrevista revelando alguns expedientes de esperteza que aprendera na infância com o pai, Leon, proprietário de uma loja revendedora de peças de automóveis, misto de posto

21 *Folha de São Paulo*, 5/10/2000.

de gasolina, no Brás.[22] A bomba de gasolina, movida à manivela, ficava dentro da loja. Havia uma mangueira de quase cinco metros para chegar até o carro, estacionado na rua. Leon ensinou o filho a abastecer os veículos deixando gasolina na mangueira. Abraham tinha a tarefa de comprar latas de azeite vazias as quais enchia com o combustível que sobrava. "Todo mundo pagava como se fossem 20 litros, mas a lata de cinco galões tinha na verdade 18,9 litros", contou Kasinski, rindo. "Sem saber, o freguês deixava dinheiro a mais, na lata ou na mangueira", comentei, no texto.

Os episódios envolvendo os dirigentes do Brasilinvest e da Cofap sugerem que é possível manter distanciamento das fontes sem perder a informação e sem perder o contato com elas. Em maio de 2000, essa independência ficou patente em artigo na *Folha* sobre a revista *Update*, da Câmara Americana de Comércio de São Paulo (Amcham). Numa reportagem de capa, a revista pregava a transparência como arma para inibir fraudes e irregularidades públicas e privadas.[23] O artigo da *Folha* apontou a distância entre a teoria e a prática de três empresários citados pela publicação da Amcham.

"O diretor-geral da Kroll no Brasil, Eduardo Sampaio, dizia na reportagem que recomenda a seus clientes admitir com clareza a ocorrência de fraudes quando elas são detectadas nas empresas. Semanas atrás, esquecendo o que aconselha à clientela, Sampaio evitou comentar notícias publicadas pelo *Financial Times* dando conta de que a Kroll havia sido vítima de fraude nos negócios com sua sócia O'Gara no Brasil." Sampaio alegara ter sabido da fraude pelos jornais. O artigo revelava também que o então presidente da Amcham, John Edwin Mein, ex-dirigente do Banco Auxiliar, instituição que sofreu intervenção do Banco Central em 1985, teve seus bens pessoais indisponíveis e ficou inabilitado para dirigir instituições financeiras até 2001, um fato talvez desconhecido dos leitores da publicação que pregava transparência. Mein enviou uma carta ao jornal. Disse que não era responsável pela liberação das operações de crédito do banco e que o processo administrativo só foi concluído 14 anos

22 *Folha de S.Paulo*, 10/7/1997.
23 *Folha de S.Paulo*, 31/5/2000.

depois, em 1999, quando, então, passou a reunir documentos para propor ação judicial "visando à reparação dos danos morais". Alegou que a decisão final foi tomada pelo BC, "mesma instituição que promoveu a auditoria. [...] Ou seja, fui julgado pelos que me acusaram".[24] Em 2001, Mein entrou com ação na Justiça para tentar anular a punição, ainda em tramitação até a edição deste livro.

Outro personagem da edição da *Update*, Eduardo Capobianco, dirigente do sindicato da indústria da construção paulista, com quem sempre tive boas relações, é um dos incentivadores da Transparência Brasil. Sem dar publicidade aos fatos, ele sofrera retaliações por ter denunciado licitações públicas suspeitas na gestão do prefeito Paulo Maluf. Sua empresa, a Construcap, impugnara uma concorrência para construção de conjuntos habitacionais do projeto Cingapura. A secretaria municipal de habitação identificou divergências nos atestados apresentados pela Construcap a uma outra prefeitura. Suspendeu temporariamente a construtora do direito de licitar e ameaçou declará-la inidônea. A construtora apresentou novos documentos. Depois de um acordo entre as partes, sem divulgação na imprensa, a Construcap desistiu de um mandado de segurança. Não foram apontadas irregularidades, mas a solução do impasse, longe da mídia, destoava da sugestão de transparência pregada na revista *Update*.

Um ano depois daquele artigo, um episódio na Amcham confirmaria como é difícil aos empresários abrir arquivos incômodos. A coluna de Mônica Bergamo publicou em setembro de 2001 que "a demissão de John Mein da presidência da Câmara Americana de Comércio deixou perplexos os associados e expôs divergências ainda mal esclarecidas – algumas delas, inclusive, a respeito da aplicação dos recursos da entidade". Segundo a colunista, "um dos estopins foi a construção de um centro de exposições. Mein gastou R$ 5 milhões na obra. Os conselheiros acreditam que ela poderia ter saído por pouco mais da metade".[25]

Dois meses depois, com a saída de Mein, a Amcham foi administrada, interinamente, por Oswaldo Orsolin, ex-presidente

24 *Folha de S.Paulo*, 4/6/2000.
25 *Folha de S.Paulo*, 7/9/2001.

da Spal, executivo com experiência de 15 anos em auditoria externa. Dirigentes da Amcham se comprometeram a não comentar a substituição de Mein.[26] Em nova carta à *Folha*, ele afirmou que sua saída "deveu-se a divergências relativas à maneira de conduzir a entidade numa nova etapa de sua bem-sucedida trajetória. [...] Todos os procedimentos adotados durante os 13 anos de minha gestão foram regularmente escrutinados".[27]

Quanto à Kroll, este repórter teve distintas experiências com a empresa. Fiz em 1995 a primeira reportagem sobre a chegada ao Brasil daquela firma criada por ex-diretores da Agência Central de Inteligência (CIA) dos Estados Unidos.

"Onde os negócios fraudulentos florescem, também prospera a Kroll Associates." Escolhi essa frase da revista do *The New York Times* para introduzir a reportagem. A Kroll ficara conhecida no Brasil por rastrear no exterior os bens de Paulo César Farias, tesoureiro da campanha presidencial de Fernando Collor de Mello. Seu primeiro executivo no Brasil, James Wygand, concedeu-me longa entrevista exclusiva.[28]

Três anos depois, voltei a procurar a Kroll quando a imprensa tratou do chamado "Dossiê Caribe" (documentos aparentemente usados como chantagem contra o governo FHC, pois se alegava existir empresa com recursos de políticos tucanos num paraíso fiscal). Imaginei que a firma privada poderia ter sido contratada para investigar o caso no exterior. Bingo. Entrevistei Eduardo Sampaio, sucessor de Wygand. Parte da entrevista foi *off the records*. Só publiquei o que fora autorizado. Revelei que a Kroll confirmou, entre o primeiro e o segundo turno das eleições de 1998, que aqueles documentos "correspondiam de fato a uma empresa registrada no Caribe". Sampaio explicou que havia sido procurado por um escritório de advocacia, em São Paulo, cujo nome não revelou. "Nós fomos solicitados a fazer uma averiguação da veracidade de documentos de registros nas ilhas do Caribe", disse.[29]

Uma semana depois, sob o título "Elementar Caro Chelotti" (referência ao então diretor-geral da Polícia Federal, Vicente

26 *Folha de S.Paulo*, 12/11/2001.
27 *Folha de S.Paulo*, 12/11/2001.
28 *Folha de S.Paulo*, 29/10/ 1995.
29 *Folha de S.Paulo*, 12/11/1998.

Chelotti), Clóvis Rossi criticou, em sua coluna, a demora da Polícia Federal de seguir a pista apresentada na entrevista da Kroll. Estava em jogo, segundo Rossi, a suspeita de "um baita crime: chantagem contra o presidente da República (FHC), o governador do principal Estado do país (Covas) e um ministro de grosso calibre (Serra), para não mencionar Sérgio Motta, já morto". Rossi sugeria que a Polícia Federal aprofundasse as investigações com base nas declarações que o executivo da Kroll havia me dado.

Dias depois, Sampaio foi interpelado pela Polícia Federal e negou ter concedido a entrevista. Sustentei, em depoimento à PF, tê-lo entrevistado. Houve acareação. Sampaio recuou, pedindo para refazer seu depoimento. Uso o episódio em palestras para novos jornalistas como exemplo de que as declarações têm pouco peso no jornalismo investigativo. Afirmações podem ser negadas diante de um delegado ou não sustentadas, depois, perante um juiz.

6

É possível elaborar reportagens de impacto a partir da análise de balanços, mesmo que não sejam reveladoras de escândalos ou operações suspeitas. Elas podem confirmar distorções do mercado ou da política econômica em determinado momento.

Nos anos 90, discutiam-se os efeitos da globalização sobre a indústria nacional, mas faltava, a meu ver, uma reportagem ampla sobre a dimensão desse processo. Isso não se consegue apenas com entrevistas. Em geral, o empresário pode manifestar descontentamento através das entidades de classe, mas não costuma ilustrar as crises com a perda de seus negócios.

Em 1996, tive a idéia de usar como ponto de partida uma série de reportagens publicada oito anos antes na *Folha* pelo jornalista Jorge Caldeira. Ele destacara indústrias tidas como exemplos de sucesso nos mercados. O título daquela série foi "As Ilhas de Eficiência". Foram escolhidas por Caldeira as seguintes indústrias: Cofap, Metal Leve, Estrela, Confab, Romi, São Paulo Alpargatas, Duratex e Albarus. Recorri a Alberto Borges Matias, professor da USP e sócio-fundador da Austin Asis, firma que faz avaliação de risco de empresas. Pedi uma análise dos balanços daquelas "ilhas" desde a reportagem de Caldeira. O resultado confirmou como a indústria brasileira havia sido abalada pela globalização.[30]

"A abertura da economia comprometeu a imagem das 'ilhas de eficiência' da indústria brasileira. A maioria das empresas-modelo dos anos 80 não resistiu incólume à forte concorrência, juros elevados e moeda sobrevalorizada. Com a globalização, algumas indústrias procuram parceiros externos para não sucumbir", assim começava a reportagem. "Metade desse arquipélago encerrou 1995 com prejuízo. Em todas as ilhas houve um ajuste difícil e doloroso. Milhares de pessoas foram dispensados,

30 *Folha de S.Paulo*, 11/7/1996.

muitas unidades foram fechadas". O jornal decidiu publicar imediatamente a reportagem prevista para ser editada no domingo seguinte. Com chamada na primeira página, a reportagem abriu o caderno de Economia num dia de semana e ocupou ainda uma página interna e a contracapa do suplemento.

A Austin Asis orientava os bancos sobre a concessão de créditos. Ainda estudante na USP, Matias escolheu para trabalho de formatura um estudo sobre previsões de insolvência das empresas. Com estatísticas e modelos matemáticos, ele previu em 1995 que 42 instituições financeiras estavam insolventes, incluindo grandes bancos. Informações sobre esse estudo chegaram à imprensa.

Quando já eram conhecidas as dificuldades do Banco Econômico, o jornal *O Estado de S. Paulo* revelou que a Austin Asis poderia ser "processada pelo Banco Central por espalhar boatos sobre outras instituições". Alberto Matias teria citado em entrevista ao *Correio Braziliense* duas instituições financeiras "com problemas no motor". Ele enviou ofício ao Banco Central, afirmando que lera a reportagem "com indignação". Lembrou ter sido escolhido pelo próprio BC para implantar sistema de fiscalização indireta dos bancos.

Em resposta, um ofício do secretário de Relações Institucionais do BC afirmava que o banco, "por intermédio do seu presidente, diretores ou mesmo por qualquer membro do seu corpo funcional, jamais fez comentários ou mesmo insinuações" a respeito da matéria jornalística.

Durante muito tempo, Alberto Matias manteve essa correspondência em sua pasta. A tardia intervenção do BC em vários bancos quebrados mostrou depois que ele não estava errado.

É claro que a análise de balanços, em outros casos, pode ser reveladora de escândalos ou operações suspeitas. Enquanto Alberto Matias fazia aquela previsão, o "Painel Econômico" revelava em notas sucessivas que várias instituições financeiras apresentavam balanços maquiados com a conivência de auditores independentes. Um dos casos mais graves ocorreu no Banco Nacional, da tradicional família mineira Magalhães Pinto.

Em 1986, o banco apresentou um rombo correspondente a cerca de US$ 600 milhões, encoberto por meio de 652 contas fictícias. Essas contas fantasmas foram originadas de empréstimos não pagos por pequenas empresas e mantidos como se fossem créditos normais, com vencimentos alterados para permitir o acréscimo de juros e correção. Criadas para equilibrar artificialmente o balanço, permitiam a renovação e ampliação das operações. As fraudes não foram interrompidas pela fiscalização do Banco Central ou apontadas pela KPMG Peat Marwick, firma de auditoria independente do banco.

Publiquei várias reportagens revelando as suspeitas de conivência entre aquela auditoria externa e ex-funcionários da KPMG contratados pelo banco. No mínimo, haveria conflito de interesses. Havia recebido cópia completa da perícia realizada pelo Serviço de Criminalística da Polícia Federal. Num trabalho meticuloso, apontavam-se as agências onde foram mantidas as contas fictícias. Essa perícia sugeria falta de apuro no trabalho dos auditores. Posteriormente, denúncia do Ministério Público Federal revelou que aquelas contas fantasmas "sempre estiveram acessíveis ao auditor" da KPMG.

Uma dessas reportagens gerou forte reação da KPMG, por intermédio do advogado João Luís Aguiar de Medeiros, do escritório Pinheiro Neto no Rio de Janeiro. Em correspondência à direção do jornal, ele alegou que teria havido "leviandade" e "má fé". Fui consultar o processo na Justiça Federal, no Rio. Obtive autorização do juiz federal Abel Gomes, da 4ª Vara Federal, para examinar os autos, com exceção dos documentos sob sigilo. Não pude tirar cópias, mas anotei o número das páginas com indícios da fraude (Folhas 2.662 a 2.672 do Processo 96.0026382-5).

De volta a São Paulo, entrevistamos os advogados Celso Cintra Mori e João Luis Aguiar de Medeiros, no escritório da firma Pinheiro Neto. Medeiros veio do Rio para participar da reunião. Eles refutaram a idéia de conivência e promiscuidade dos auditores. No dia seguinte, a *Folha* publicou reportagem de página inteira sob o título: "Laudo Revela Papel de Auditor na Fraude".[31] O texto começava assim: "Documentos anexados como prova no processo do Banco Nacional confirmam o envolvimento de ex-funcionários da KPMG nas fraudes e reforçam a suspeita de conivência da auditoria externa do banco. Um desses documentos é um formulário

31 *Folha de S.Paulo*, 8/7/1998.

de contabilidade, manuscrito a lápis, com cálculos dos dividendos (benefícios distribuídos aos acionistas) sobre os lucros fictícios do banco no segundo semestre de 1990. O impresso tem o timbre da KPMG. No cabeçalho, ao lado da inscrição da firma de auditoria, o espaço destinado a 'cliente' foi preenchido com o nome do Banco Nacional". Uma perícia grafotécnica confirmou que os cálculos e assinatura "foram produzidos pelo punho" de um ex-funcionário da KPMG contratado pelo banco para ocupar uma das diretorias. Ele também usou papéis com timbre da KPMG para alterar registros de contas, inflando artificialmente o patrimônio do banco. Com a ajuda de outro ex-funcionário da KPMG, usou papéis timbrados da firma de auditoria para rascunhar balanços forjados.

O auditor do banco foi denunciado em ação penal sob a acusação de omissão criminosa por supostamente ter deixado, "de forma consciente e voluntária, de cumprir o dever legal de apontar a fraude". Administradores do banco foram presos preventivamente, acusados de gestão fraudulenta e evasão de divisas. Onze dos doze indiciados foram condenados a penas de até 28 anos de prisão, punição convertida em prestação de serviços comunitários. Não houve "má fé" ou "leviandade" do repórter.

A condenação do auditor do Banco Nacional confirmou como eram frágeis os mecanismos oficiais para inibir fraudes nos bancos. Em decisão sem precedentes, a KPMG emitiria, depois, um parecer reformulando a opinião sobre as contas do Banco Nacional. "Não existe na literatura da contabilidade a figura da reformulação de parecer", afirmou, então, o professor Eliseu Martins, especialista em ciências contábeis. Mesmo assim, a KPMG foi contratada pelo BC para examinar a chamada "parte podre" do Nacional não transferida para o Unibanco.

O Conselho Regional de Contabilidade do Rio de Janeiro havia previamente absolvido o auditor da KPMG, sob a alegação de que não havia provas para condená-lo. O então xerife do mercado, Francisco da Costa e Silva, presidente da CVM, afirmara que os auditores "não são pagos para ser investigadores".

Em direção oposta, o Conselho Regional de Contabilidade da Bahia suspendeu o auditor da Ernst & Young, responsável pelos balanços do Banco Econômico (a punição depois foi reformulada pelo Conselho Federal de Contabilidade). Laudo técnico apontou que ele não registrara em seu parecer as evidências de risco na continuidade normal dos negócios do Econômico. Segundo o laudo, a firma de auditoria conhecia plenamente a situação difícil do Econômico, mas deixou de fazer exames mais aprofundados. O patrimônio do banco estava comprometido com investimentos em empresas do grupo. Por omissão do auditor, o Econômico não registrava os balanços na Junta Comercial. Enquanto isso, a Ernst & Young participava de negociações com o BC para salvar o banco, confundindo o papel de auditor independente com o de consultor, e ajudava a instituição a redigir as notas explicativas do balanço. A Ernst & Young era representada pelo mesmo escritório de advocacia que defendia a KPMG.

Outro exemplo de desatenção das firmas de auditoria: o Banco Boavista abusou na concessão de empréstimos em 1996, quando apresentou balanço otimista, com lucro líquido de R$ 56,8 milhões. Não havia nenhuma ressalva dos auditores, a KPMG, sobre a qualidade daqueles volumosos créditos vencidos e sem provisões. Nove meses depois, o banco seria vendido pelo preço simbólico de R$ 1. "Como o balanço do Boavista foi concluído em março de 1997, ou seja, mais de um ano depois do escândalo do Nacional, o fato sugere que o episódio anterior não levou a firma de auditoria a tornar mais rigorosos os seus procedimentos", afirmei em artigo. O balanço havia sido auditado pelo irmão do auditor responsável pelos balanços do Nacional, ambos da KPMG.[32]

Quando a KPMG e a Ernst & Young anunciaram a fusão internacional, em 1997, comentei que a operação deveria sugerir, no Brasil, "a associação entre casos de negligência e omissão".[33] "Um auditor da KPMG cuidava do Banco Nacional havia 20 anos e deixou passar a fraude. A empresa reformulou o parecer daquele balanço. A Ernst & Young é acusada de omissão no caso do Econômico. Era também a auditora do Bamerindus", concluí.

No governo Sarney, o Banco do Brasil foi obrigado a republicar seus demonstrativos contábeis por causa de notas publicadas no "Painel Econômico". A coluna revelou que a prestação de contas do banco oficial escondera várias "operações especiais"

32 *Folha de S.Paulo*, 3/1/1998.
33 *Folha de S.Paulo*, 21/10/1997.

de interesse da Presidência da República. O primeiro alerta me foi dado por um especialista em contabilidade. Apesar do valor elevado dessas operações, elas estavam indevidamente registradas num item contábil que só admitiria somas inexpressivas. Sob o título "Balanço em Falso", a coluna informou: "Auditores privados de São Paulo entendem que o balanço do Banco do Brasil referente a 1987 não estaria refletindo os resultados efetivos obtidos pela instituição".[34]

Semanas depois, o jornal voltaria ao assunto: "O governo federal utilizou a contabilidade do Banco do Brasil para fazer o lançamento de repasses e empréstimos de difícil resgate" (os chamados 'ativos podres', na linguagem contábil). A quase totalidade (95%) desses créditos foi contabilizada como 'Outros créditos em moeda nacional' no controvertido balanço de 1987.[35] Depois de muita resistência, o banco reviu o balanço. Na verdade, evitou os gastos com a reimpressão do balanço nos jornais. Distribuiu um comunicado aos acionistas às vésperas da assembléia geral, alterando os valores. O lucro de 1987 foi reduzido de Cz$ 42,7 bilhões para Cz$ 29,8 bilhões.

O fato de aquela distorção contábil ter sido publicada sem ressalva dos auditores abriu espaço para questionamento dos auditores independentes do banco, a Bianchessi. Essa firma de auditoria também cuidava dos balanços do Banerj, enquanto uma empresa de seus sócios, a Bina Empreendimentos, era cliente inadimplente daquele banco estadual do Rio de Janeiro. Durante 12 anos, a Bianchessi auditou o Banco do Brasil. Era acusada de aviltar o mercado, oferecendo preços que correspondiam a 30% dos praticados pelos concorrentes. Reservadamente, a Bianchessi admitia que auditar o BB fosse importante para atrair clientes privados.

Originária do Rio Grande do Sul, a empresa de auditoria associou-se à Campiglia, tradicional firma paulista que depois retiraria o nome da sociedade. No Sul, a Bianchessi enfrentou processos judiciais, acusada de orientar clientes sobre formas de driblar o pagamento de impostos.

34 *Folha de S.Paulo*, 24/2/1988.
35 *Folha de S.Paulo*, 17/4/1988.

Depois dos escândalos do Nacional e do Econômico, o mercado seria surpreendido com a revelação de que 56% do patrimônio do Banco Noroeste haviam sumido em meio a explicações estapafúrdias: parte do dinheiro teria sido desviada para a construção de um aeroporto na Nigéria; outra parte teria sido gasta com uma mãe-de-santo em São Paulo.

Um rastreamento da fraude, revelado pela *Folha*, indicava que US$ 181,6 milhões haviam sido desviados de uma agência do banco nas Ilhas Cayman para cinco países, incluindo mercados tão díspares como China e Nigéria. O grosso do dinheiro foi parar em bancos na Suíça.[36]

Os investidores não foram previamente alertados nos pareceres dos auditores. Na fase das investigações, a Price Waterhouse identificou divergências nos registros contábeis do banco e nos extratos emitidos pela agência naquele paraíso fiscal. As operações fraudulentas continuaram até as vésperas da homologação oficial da compra do Noroeste pelo banco espanhol Santander, em 1998.

Quando houve a aquisição, somente os especialistas do mercado conseguiriam decifrar o registro de que a instituição apresentara um rombo identificado como "operações irregulares por parte de funcionários da área internacional". Na linguagem cifrada dos balanços, o banco informou: "Alguns ativos foram considerados insubsistentes e foram segregados por falta de adequada documentação comprobatória". Traduzindo: não havia como comprovar operações externas no montante de R$ 263,5 bilhões.

Dois anos antes, a *Folha* alertara para a omissão das autoridades. Em artigo intitulado "Tolerância Oficial Favorece 'Maquiagem' de Dados", afirmei: "As autoridades fechavam os olhos para malabarismos contábeis que transformaram muitos balanços de bancos estaduais quebrados em demonstrativos de instituições das mais saudáveis (em geral, a partir de acordos selados pelos governos estadual e federal). Raríssimos auditores alertaram os acionistas, nos pareceres, para os efeitos dessas ficções contábeis [...]. Raríssimos auditores foram advertidos pela CVM, o xerife do mercado, por omissões em seus pareceres.

36 *Folha de S.Paulo*, 2/4/1998.

Foi preciso o BC se envolver numa operação controvertida, no socorro a bancos privados, para que viesse à tona a questão da transparência dos balanços".[37]

Na virada do ano em 2000/2001, o mercado foi surpreendido com a notícia de que a CVM vinha fazendo acordos com grandes empresas, convertendo punições em donativos. A *Folha* revelou que o Programa Comunidade Solidária, vinculado à Presidência da República, recebera doações de empresas acusadas de cometer irregularidades no mercado financeiro e beneficiadas com a suspensão de inquéritos. O programa fora criado em 1995 e era dirigido pela primeira-dama Ruth Cardoso.[38]

O empresário Sérgio Cragnotti, presidente e controlador da Bombril, suspeito de práticas irregulares na transferência de ações do grupo, conseguira suspender por dois anos um processo administrativo na CVM. Doou R$ 1 milhão ao Programa Comunidade Solidária e pagou mais R$ 1 milhão à CVM como "ressarcimento por despesas administrativas".

"Acho muito estranho e discutível que o próprio julgador venha a se beneficiar em espécie. Ele pode perder a neutralidade e objetividade", comentou Alfried Ploger, presidente da Associação Brasileira das Companhias Abertas (Abrasca). Ou seja, os acordos surpreendiam o dirigente da entidade que reunia as empresas fiscalizadas pela CVM. Um dos primeiros acordos exigindo doação ao programa Comunidade Solidária foi firmado com o Credit Suisse First Boston e o Garantia, alvos de inquérito administrativo. O Citibank, também acusado de práticas irregulares, teve inquérito suspenso na CVM, pois se comprometeu a destinar ao Programa Comunidade Solidária a renda de um seminário. Pactos para sustar inquéritos, sem envolver doações, haviam sido firmados pela CVM com o grupo Brasilinvest, de Mario Garnero, e com a corretora Novação, do então presidente da Bovespa, Alfredo Rizkallah.

37 *Folha de S.Paulo*, 30/11/1995.
38 *Folha de S.Paulo*, 2/1/2002.

7

Quando a revista *Exame* confiou à Fundação Instituto de Pesquisas Contábeis, Atuariais e Financeiras (Fipecafi), da USP, a indicação anual das empresas com melhor desempenho no exercício anterior, o "Painel Econômico", que agora se intitulava "Painel S/A", questionou o sucesso da companhia eleita pelos professores de contabilidade.[39]

Sob o título "Cores da Televisão", a coluna afirmou: "Eleita empresa do ano pela revista *Exame*, a Semp Toshiba reúne duas sociedades. A controladora (da Amazônia) opera no azul e tem o capital fechado. A que tem ações em Bolsa opera no vermelho". A segunda nota, sob o título "Prejuízo Socializado", prosseguia: "A Semp Toshiba, empresa aberta, com sede em São Paulo, fechou o semestre com prejuízo de R$ 3,9 milhões e patrimônio líquido negativo de R$ 2,2 milhões". A Semp Toshiba havia faturado no ano anterior o correspondente a US$ 719,6 milhões, registrando lucro de US$ 115 milhões. Meses antes, um médico mineiro, acionista minoritário da Semp Toshiba, reclamara por não ter sido beneficiado com os resultados da empresa. O diretor-jurídico da firma, ouvido na ocasião, disse que "é legal o fato de a companhia ter duas sociedades, uma com lucro e outra com prejuízo".

Durante muitos anos, a Companhia Cacique de Café Solúvel, uma das gigantes brasileiras do mercado de alimentos, mandava um avião apanhar em São Paulo um velho contador, então perto dos 90 anos de idade, transportando-o à sede da empresa, em Londrina, no Paraná. Ali, ele almoçava com a diretoria e aproveitava para assinar o balanço, sem ressalvas, a ser divulgado ao mercado. A empresa, com ações em Bolsa, elaborava outro balanço para consumo interno com ajuda de outros auditores e com mais rigor. O fato foi revelado em reportagem depois de

39 *Folha de S.Paulo*, 23/8/1996.

dois meses de apuração. Revelou práticas viciadas de empresas de auditorias, sob o título "Promiscuidade Entre Empresas de Auditoria e Clientes Fica Impune".[40]

O exemplo da Cacique revela a inoperância, na época, da CVM, órgão controlador das empresas de auditoria. "Não somos um país essencialmente corrupto. Somos mal auditados", dizia na reportagem Stephen Kanitz, um especialista em contabilidade. Quando foi diretor da CVM, Eliseu Martins, outro *expert* em ciências contábeis, marcou sua atuação pela defesa da transparência dos balanços. Na sua gestão, o órgão puniu pela primeira vez uma das seis grandes firmas de auditoria no país, a Price Waterhouse, que emitira parecer sem uma ressalva essencial. Essa decisão foi posteriormente revertida pelo Conselho de Recursos do Sistema Financeiro Nacional (conhecido como "Conselhinho").

Durante os onze anos em que editei o "Painel Econômico", chamavam-me a atenção os nomes de empresários notáveis e dirigentes de instituições financeiras que tinham punições amenizadas pelo "Conselhinho". Esses fatos não chegavam ao conhecimento da sociedade, pois eram publicados em letras miúdas no *Diário Oficial da União*.

Alimentei durante muito tempo a idéia de fazer um amplo levantamento sobre as controvertidas decisões daquele colegiado. Isso só foi possível em 1997, quando deixei o "Painel S/A" e passei para a equipe de repórteres especiais. Gastei quatro meses rastreando no *Diário Oficial* as súmulas de 719 processos julgados entre 1994 e 1997 pelo "Conselhinho". Esses registros ainda não estavam disponíveis em computadores. O resultado foi uma reportagem de impacto, sob o título "Lei Prevê Punição Irrisória Para Fraudes Financeiras".[41]

A amostra comprovou que o sistema financeiro era mal fiscalizado. As punições eram irrisórias. Infrações à legislação dos bancos, como maquiagem de balanços e concessão de empréstimos vedados, resultavam em multas correspondentes a apenas 27 salários mínimos. E as punições eram abrandadas. Por exemplo, a inabilitação para dirigir instituição financeira era transformada

40 *Folha de S.Paulo*, 6/10/1997.
41 *Folha de S.Paulo*, 25/5/1997.

em multa; a multa era convolada em advertência e a advertência, não raro, arquivada.

"Os vícios detectados pela reportagem – fiscalização ineficiente, apuração lenta e punições inócuas – estão na raiz dos fatos que provocaram a quebra de bancos como o Econômico e Nacional", afirmei no texto. Devido à defasagem na legislação, irregularidades graves eram tratadas como meras falhas administrativas, enquanto erros em procedimentos internos poderiam ganhar a dimensão de ilícitos.

A reportagem apresentava um quadro "didático" intitulado "Dez Golpes de Mestre no Sistema Financeiro". Trazia ilustrações bem-humoradas de Alex Argozino, da Editoria de Arte da *Folha*. Explicava, por exemplo, as "operações casadas" para inflar balanços, a operação "esquenta-esfria" (acertada entre alguém interessado em "esquentar dinheiro", ou seja, legitimar receita de origem ilícita, e alguém interessado em "esfriar dinheiro", reduzir ganhos elevados para pagar menos imposto; por meio de negócios combinados em Bolsa, podem criar falsos lucros para o primeiro e perdas artificiais para o segundo). Os leigos nas espertezas do mercado de capitais divertiram-se ao conhecer, por meio dessas ilustrações, a operação "Zé-com-Zé", quando alguém opera consigo mesmo, por meio de empresas de sua propriedade ou através de "laranjas", para subir ou baixar artificialmente os preços nas Bolsas.

Essa apuração jornalística foi simultânea à conclusão de pesquisa para a tese de doutorado da subprocuradora-geral da República Ela Wiecko Wolkner de Castilho, revelando que o BC exercia uma atividade que não era sua. Notícia sobre essa pesquisa foi publicada junto com a reportagem. Revelou que o banco oficial fazia acordos com instituições financeiras privadas, definia indevidamente ato ilícito e mera infração – atribuição do Ministério Público Federal – e, mais grave, não mantinha esse órgão informado dos acertos com bancos e corretoras. A pedido da *Folha*, Castilho analisou as súmulas de processos administrativos julgados pelo "Conselhinho": "A legislação está defasada, criminaliza condutas que não são tão perigosas e outras, perigosas, não são consideradas crime", disse a subprocuradora.

Alguns exemplos confirmam a notoriedade dos executivos cujas punições foram amenizadas. Antônio Carlos Castrucci, então presidente da Associação Brasileira dos Bancos Comerciais (ABBC), pregava que os bancos poderiam ter menos controles oficiais. Quando presidiu o Digibanco, do grupo Machline, Castrucci autorizou empréstimo à corretora do grupo, o que é vedado. O dinheiro alimentou a corrente de felicidade do investidor Naji Nahas. Aliás, o cheque sem fundos de Nahas que desencadeou o episódio que quase quebrou as Bolsas nos anos 80 era do Digibanco. Castrucci foi condenado a pagar multa de apenas R$ 3.253,00.

Joubert Furtado, ex-chefe do Departamento de Operações das Reservas Internacionais do BC, foi multado no mesmo valor por infração semelhante à de Castrucci, quando dirigia o Banco Boavista. Recorreu e perdeu. Pedro Henrique Mariani Bittencourt, que presidiu a Associação Nacional dos Bancos de Investimento, foi multado por concessão de empréstimo do Banco da Bahia Investimentos, que ele presidia, a uma empresa de cujo capital o banco participava com mais de 10% (operação também vedada). Bittencourt era membro do "Conselhinho". Teve recurso vedado pelo órgão, mas continuou a julgar os recursos alheios.

O "Conselhinho" confirmou multa de cerca de R$ 1 milhão aplicada ao Bradesco por operação cambial irregular 18 anos antes. O fato não veio a público e o valor da multa não foi divulgado no *Diário Oficial* (depois, a *Folha* publicaria que grandes bancos tiveram reduzidas multas milionárias por operações irregulares na área de câmbio).

O Unibanco sofreu multa inexpressiva por fazer empréstimo a empresas ligadas e "operações casadas" com outros grupos, numa suposta triangulação. Teve multa transformada em advertência por elevação de depósitos no último dia de cada mês, mediante "operações casadas". O BC suspeitou de elevação artificial dos balanços.

"Nós pagamos o preço de ser criativos, pois a regulamentação do BC não se atualiza", disse Castrucci, da ABBC, reproduzindo um conceito comum na época para justificar expedientes pouco ortodoxos. Seu antecessor na entidade, Antonio Hermann Dias Menezes de Azevedo, dizia que "a fiscalização é perversa, não permite inovações, e o mercado sempre anda um pouco na frente do regulador das normas". Azevedo foi acusado de maquiar balanços e fazer "contratos de gaveta", acordos paralelos prevendo remuneração indexada ao dólar, o que era proibido. Suspeito de práticas ilegais quando foi executivo do Banespa e, depois, do Banco Itamaraty, Azevedo livrou-se de processos penais graças a decisões do desembargador Paulo Theotonio Costa, que teriam sido proferidas graças à manipulação na distribuição de *habeas corpus* no Tribunal Regional Federal em São Paulo, segundo revelou o Ministério Público Federal e ficou registrado em voto no Superior Tribunal de Justiça.

Dois anos depois, publiquei na *Folha* nova reportagem sobre o "Conselhinho", desta vez revelando que mais da metade das punições aplicadas pelo BC contra bancos e instituições financeiras era reduzida ou arquivada pelo colegiado.[42] Em 1998, "foram praticamente absolvidos pelo 'Conselhinho' dirigentes do Banco Rural, instituição envolvida na criação de 'contas fantasmas' no escândalo PC Farias". Nove anos mais tarde, o Supremo Tribunal Federal receberia denúncia contra quatro dirigentes do banco mineiro envolvidos no "mensalão", acusados de gestão fraudulenta, lavagem de dinheiro, formação de quadrilha e evasão de divisas.

42 *Folha de S.Paulo*, 21/11/1999.

8

"Não tenho que dar satisfação para vocês. Acabou a minha vida pública. Portanto, você cuida da sua vida e eu cuido da minha". O desabafo de Clóvis Carvalho, ex-ministro do Desenvolvimento do governo FHC, foi dirigido a um grupo de jornalistas na porta de sua casa, em setembro de 1999, um dia depois de sua demissão provocada por divergências públicas com o então ministro da Fazenda, Pedro Malan. Enquanto Carvalho foi ministro, a imprensa o fustigou por haver realizado viagens de lazer com familiares em aviões da FAB.

Localizei uma ata do Conselho de Administração das Indústrias Villares onde consta que Carvalho somente se desligou do cargo de vice-presidente da empresa privada em setembro de 1995, meses depois de ter assumido funções no governo FHC, primeiro no Ministério da Fazenda, depois como ministro-chefe da Casa Civil. Como ainda não havia acabado sua vida pública, procurei-o antes de publicar o fato. Segundo alegou, Carvalho continuou vice-presidente da Villares para garantir benefícios do fundo de pensão da empresa. Um advogado consultado pela coluna não via problema do ponto de vista jurídico, avaliação publicada.[43]

Em 1989, publiquei reportagem sobre disputas na Eucatex, empresa da família Maluf, despercebidas pelos analistas políticos. O título era: "Roberto Limita Ação do Irmão Paulo Maluf na Eucatex".[44] As divergências entre controladores da Eucatex eram acompanhadas pelo mercado. A notícia teve origem num acordo de acionistas arquivado na Bolsa de Valores. Pelo acordo, Paulo Maluf não poderia presidir a Eucatex nem indicar o administrador da companhia nos 20 anos seguintes. Voltaria ao tema, anos depois: "O mundo dos negócios entendeu esse pacto como uma disputa familiar pelo

43 *Folha de S.Paulo*, 5/11/1995.
44 *Folha de S.Paulo*, 27/4/1989.

controle da empresa. O mundo político não viu no acordo uma advertência: se parte da família entendia que Maluf não era o mais indicado para gerir os negócios do próprio clã, como imaginar que ele seria um bom administrador da coisa pública?"[45]

Em fevereiro de 2007, mais uma vez a leitura de publicações oficiais anteciparia fatos relevantes no noticiário político. Descobri no *Diário Oficial do Estado*, dias antes do carnaval, que o procurador-geral de Justiça autorizara viagem oficial do promotor de Justiça Sílvio Marques a Nova York, na Quarta-Feira de Cinzas. Marques há anos investigava o ex-prefeito de São Paulo. Alguns telefonemas foram suficientes para destacar no "Painel" político no domingo do carnaval, sob o título "Cinzas e Brasas": "Enquanto Paulo Maluf (PP-SP) passa o carnaval na capital paulista e em Campos do Jordão, a Promotoria Distrital de Nova York avança as investigações sobre acusações de desvios de dinheiro público, remessas ilegais e movimentação bancária do ex-prefeito e de familiares no exterior. Na Quarta-Feira de Cinzas, haverá audiência num grande júri de Manhattan, para a qual foi convidado o promotor de Justiça Sílvio Marques. O advogado Eduardo Rodrigues acompanhará testemunhas que prestarão depoimentos contra Maluf nos EUA. Seus nomes são mantidos em sigilo para evitar represálias. 'A defesa e o cliente não tinham ciência dessa audiência', diz Maurício Leite, advogado de Maluf. O deputado nega ter contas no exterior".[46]

Essa nota teria desdobramentos. Em março, a *Folha* publicou reportagem com o seguinte título: "Nos EUA, Maluf Será Processado Por 'Roubo'".[47] O texto informava: "A Justiça dos EUA abriu, por decisão do júri popular, processo criminal contra o ex-prefeito de São Paulo e deputado federal Paulo Maluf pelo suposto roubo (nesses termos) de US$ 11,6 milhões, que teriam sido desviados de obras públicas. Um pedido de prisão foi decretado. Se entrar nos EUA, Maluf será detido. A imunidade parlamentar brasileira não é reconhecida pelas autoridades norte-americanas".

45 *Folha de S.Paulo*, 11/9/2005.
46 *Folha de S.Paulo*, 19/2/2007.
47 *Folha de S.Paulo*, 9/3/2007.

Reportagem com base em documentos de uma outra empresa, revelando interesses na esfera política, surgiu a partir de ata do Conselho de Administração da Construtora Beter S/A, empreiteira que tem sede em São Paulo. Ela teria usado recursos de forma irregular ("caixa dois") para ajudar a campanha eleitoral de Celso Pitta, candidato de Maluf à sua sucessão na prefeitura de São Paulo em 1996.[48] Olyntho Muniz Dantas, ex-vice-presidente da Beter, protocolara reclamação na CVM, alegando que a contribuição ao candidato do PPB não teve prévia autorização do Conselho de Administração da empresa, como manda a lei.

Dantas era membro do Conselho de Administração na época da campanha eleitoral. Ele tomara conhecimento da doação ao ler na *Veja* a lista de empreiteiras contribuintes da campanha de Pitta. Alegou que se sentiu lesado. A empresa fizera doação eleitoral de R$ 163,9 mil, superior aos dividendos distribuídos no exercício (R$ 113 mil).

Obtive o telefone residencial de Dantas na lista telefônica. Conversei longamente com o acionista. Com base na consulta a documentos da empresa registrados na CVM e na Bovespa, publiquei que a eleição de Pitta atendia aos interesses da Beter. Em 1995, a prefeitura respondeu por 60% da receita operacional da empresa. Em 1996, as obras municipais representaram 76,3% da receita líquida da construtora. Em dezembro daquele ano, a empreiteira tinha a receber R$ 5 milhões por serviços prestados à prefeitura paulistana.

A questão foi parar na Justiça. Fui arrolado como testemunha. Não cheguei a depor, porque minutos antes de meu depoimento alegou-se ter havido acordo entre as partes. Meses depois, publiquei que a Justiça havia rejeitado queixa-crime ajuizada pela construtora contra Dantas, a quem tentou imputar o crime de difamação.[49] A decisão de processar Dantas foi aprovada pelo Conselho de Administração da Beter no mesmo dia em que a *Folha* publicou a primeira reportagem: 20 de junho de 1997. A empreiteira sempre acreditou que a notícia havia chegado à *Folha* por iniciativa de seu ex-vice-presidente. Não é verdade.

48 *Folha de S.Paulo*, 20/6/1997.
49 *Folha de S.Paulo*, 12/1/1998.

Três anos depois, os envolvidos em outro escândalo não acreditaram que a origem da notícia fosse uma ata pública. No final de dezembro de 2000, o *Diário Oficial do Estado* publicou ata de assembléia geral extraordinária da Eximcoop S/A, grande *trading* agrícola. Foi o ponto inicial de série de reportagens sobre uma fraude de vulto envolvendo seis tradicionais cooperativas do país.[50]

A primeira reportagem revelou: "Uma das mais promissoras tentativas de fomentar as exportações agrícolas do Centro-Sul nos anos 90 tem tudo para desembarcar numa delegacia de polícia". Os sócios japoneses da *trading* Eximcoop S/A, com sede em São Paulo, pediram a falência da empresa.[51] Eles alegavam haver descoberto elevado passivo e graves irregularidades, entre as quais, o desvio de US$ 6,6 milhões. US$ 3 milhões haviam sido depositados em contas pessoais de sócios brasileiros no exterior. O restante (US$ 3,6 milhões) havia transitado antes "por contas duvidosas" fora do país.

Os sócios japoneses da *trading* pediram ao Ministério Público Federal a investigação das suspeitas de superfaturamento nas exportações de soja, evasão de divisas, lavagem de dinheiro e sonegação fiscal por ex-administradores, diretores e conselheiros da *trading* Eximcoop.[52]

Em setembro de 2005, um dos citados na reportagem, Ozéias Silva de Oliveira, enviou correspondência ao *ombudsman* da *Folha*. Alegou que a reportagem era uma "versão fantasiosa", "aparentemente encomendada" contra ele e seu sócio, Ferdinando Carlier. Disse que, diante das "inverdades", foi difícil explicar aos amigos que "aquilo era fantasia, armação". Alegou, ainda, que o Ministério Público Federal "decidiu não fazer denúncia contra nós em nenhum dos delitos alegados", e que "a Justiça provou que, como inocentes fomos condenados antecipadamente pelo Sr. Vasconcelos". Ozéias alegava não ter sido procurado pelo repórter.

Aproveitando citação de uma matéria minha no *blog* de Ricardo Noblat, em março de 2006, foi publicado comentário atribuído a um "Ozéias". Sem citar a Eximcoop, afirmava-se que este repórter havia criado, em 2001, "notícia falsa" e "provavelmente comprada

50 *Diário Oficial do Estado*, Caderno Empresarial, 27/12/2000.
51 *Folha de S.Paulo*, 5/1/2001.
52 *Folha de S.Paulo*, 15 e 17/1/2001.

por quem tinha interesse nela". Lamentava-se, na nota, o fato de que a *Folha de S.Paulo* continuava a manter em seu quadro profissional "sujeito fazendo reportagem falsa e tendenciosa".[53]

Ao contrário do que alegou o reclamante, antes de escrever a reportagem em 2001, eu havia consultado o advogado que representava Ozéias e seu sócio Ferdinando Carlier. Após isso, publiquei as alegações das partes sobre as acusações.

É verdade que o MPF havia oferecido denúncia contra outros investigados, como alegou Ozéias ao *ombudsman* da *Folha*. Mas também é verdade – e isso o ex-diretor não citou – que ele continuava sob investigação. O MPF pedira informações adicionais à Receita Federal sobre as declarações do missivista nos últimos cinco anos. Havia ainda no Ministério da Justiça um pedido de busca, por meio de cooperação internacional, de registro sobre contas correntes em nome de Ozéias no ING Bank e no Rabobank, nas Antilhas Holandesas. Meses antes de procurar o *ombudsman*, o Tribunal Regional Federal rejeitara *habeas corpus* em que o próprio pretendia impedir seu indiciamento pela Polícia Federal. Ou seja, Ozéias continuava indiciado em inquérito policial (número 2001.61.81.001579-6). A Justiça entendeu que havia "prova da materialidade e indícios de autoria" de crime. Desconheço o desfecho do caso. Ele é inocente até prova em contrário. Mas não presta todas as informações quando se manifesta publicamente.

Em geral, informações relevantes sobre empresas fechadas são mais difíceis de localizar. Sabe-se que a imprensa sempre rastreou – com pouco êxito – informações sobre a Gamecorp, empresa da qual é sócio Fábio Luiz Lula da Silva, filho do presidente Luiz Inácio Lula da Silva. O interesse surgiu com o conhecimento geral de que, no final de 2004, a empresa recebeu aporte de R$ 5 milhões da Telemar, que passou a ter 35% de suas cotas. No ano seguinte, a Telemar investiu R$ 5 milhões como publicidade. As informações mínimas disponíveis na Junta Comercial indicavam uma sociedade recente, constituída em 1º de dezembro de 2004, da qual também participava Fernando Bittar, filho de Jacó Bittar, outro ex-dirigente sindical, como Lula. Causava espanto o interesse da Telemar em investir em empresa com perfil jovem e a pergunta cabível era se

53 *Blog do Noblat*, 27/3/2006.

haveria a mesma disposição se tal sociedade não tivesse entre os sócios, "ocupando o cargo de diretor sem designação", um filho do presidente da República.

Essas circunstâncias justificam o impacto da informação que gerou manchete da *Folha*, ao divulgar, em novembro de 2006, que a Gamecorp "compartilha com o Grupo Bandeirantes de Comunicação o faturamento líquido obtido com verbas do governo federal em anúncios veiculados pela Play TV (ex-Rede 21), inclusive os de interesse da Presidência da República".[54]

A descoberta dessa informação deveu-se à quebra de sigilo, por decisão judicial, de um contrato firmado pela Rede 21 Comunicações Ltda., do grupo Bandeirantes, e a Gamecorp, que produz programas sobre *games* e conteúdo para celular. O contrato era a peça central em ação de indenização movida pelo grupo Bandeirantes contra a Editora Abril, em que a Rede 21 contestava ter havido um "arrendamento" do canal de TV, conforme afirmara em reportagem a revista *Veja*. Nesse processo, foi rejeitado o pedido de "confidencialidade" feito pela Rede 21, que alegou "segredos de comércio" para requerer que a Abril não viesse a conhecer os termos do contrato.

O juiz Régis Rodrigues Bonvicino, da 1ª Vara Cível do Fórum de Pinheiros, recusou pleito do advogado da Rede 21, Walter Vieira Ceneviva, para que o contrato fosse mantido nos autos em envelope lacrado. "Convém ao interesse público que o contrato seja regido pelo princípio da publicidade porque um dos contratantes é filho do presidente da República e, em tese e sempre em tese, sem qualquer pré-julgamento por parte deste Juízo, fazem-lhe acusações de uso inadequado de verbas públicas", decidiu Bonvicino, em despacho. Ao indeferir o pedido, o magistrado afirmou: "Estabelece o artigo 37 da Constituição Federal que os atos da administração pública são regidos pelos princípios da legalidade, impessoalidade, moralidade, eficiência e publicidade". O juiz Bonvicino entendeu que a disputa envolve concessionárias da União (o Grupo Bandeirantes e a Rede 21), regidas por normas públicas. E que o sigilo suprimiria informações relevantes, cerceando a defesa dos réus, a Abril, o colunista Diogo Mainardi e os jornalistas

54 *Folha de S.Paulo*, 28/11/2006.

Alexandre Oltramari e Júlio César de Barros. O juiz decidiu que "não há segredo de justiça neste processo", e, "qualquer pessoa pode consultá-lo no balcão do ofício" [cartório].

Antecipei-me aos réus e consultei o processo no cartório da Vara. No dia seguinte, o jornal registrou que aquele acordo, um instrumento particular, previa que os sócios venderiam propaganda a órgãos públicos e privados e determinava a divisão em partes iguais de faturamento mínimo estimado em R$ 5,2 milhões em 2006, e em R$ 12,6 milhões em 2007. Pelos documentos apresentados pela Rede 21, a maior parte dessas receitas viria do setor privado. Previa-se também a divisão de receitas a serem obtidas com os 20 maiores anunciantes da Rede 21 em 2005, conforme quadro anexado ao contrato, onde estavam listados, além da Secretaria de Administração da Presidência da República, o Ministério da Saúde, o Banco do Brasil e a Caixa Econômica Federal, empresas da área de telecomunicações (concessionárias), indústrias de bebidas e alimentos, entre outros.

parte 2
INVESTIGANDO GOVERNOS

1

Para tentar se dissociar do mensalão, esquema de financiamento de políticos da base aliada que abalou o Partido dos Trabalhadores em 2005, o presidente Luiz Inácio Lula da Silva alegou ignorar o que acontecia na sala ao lado de seu gabinete. Lula não inovou. Em 1994, acusado no inquérito das importações superfaturadas de equipamentos israelenses, o ex-governador paulista Orestes Quércia também havia sustentado que "não sabia o que foi comprado, quanto valia e quanto foi pago".

Quércia conseguiu eximir-se da responsabilidade por uma compra sem licitação de equipamentos para as polícias e para as universidades do Estado, no total de US$ 310 milhões. Por 16 votos a três, o STJ rejeitou denúncia de estelionato contra o ex-governador. Entendeu que não havia elementos para abertura de ação penal.

A longa investigação jornalística sobre as importações do governo Quércia, iniciada pela *Folha* em 1991 como desdobramento de revelações feitas pelo "Painel Econômico" dois anos antes, mostrou a importância de se obterem documentos capazes de esvaziar afirmações oficiais.[55] As compras foram feitas com triangulação entre o governo do Estado, o empresário Arie Halpern, da Trace Trading Company, importador de armas e equipamentos de segurança, e uma empresa de papel, a Sealbrent Holdings Limited, com sede no paraíso fiscal de Dublin, na Irlanda. Na época, o ex-senador Severo Gomes (PMDB), então secretário de Ciência e Tecnologia do governo Luiz Antônio Fleury, sucessor de Quércia, suspeitava da formação de um caixa para a campanha presidencial que poderia chegar a US$ 100 milhões.

Um desses documentos comprobatórios foi publicado em outubro de 1992, quando a *Folha* destacou em manchete: "Quércia

55 *Folha de S.Paulo*, 2/6/1991.

Autorizou as Compras Suspeitas".[56] O texto afirmava: "O ex-governador Orestes Quércia autorizou – de próprio punho – as importações irregulares de Israel. O fato, comprovado em documento obtido pela *Folha*, contrasta com a decisão do juiz federal João Carlos da Rocha Mattos, que isentou Quércia de responsabilidade pelas compras suspeitas. O juiz é o mesmo que cancelou o indiciamento de Quércia no caso Vasp". O documento, cujo fac-símile foi reproduzido no jornal, é um despacho de 26 de abril de 1989, ampliando em US$ 100 milhões os limites para a importação de equipamentos "no âmbito do Protocolo de Cooperação Técnica, Científica e Tecnológica entre o governo do Estado de São Paulo e o Consulado Geral de Israel no dia 29 de dezembro de 1988".

O protocolo não tinha nenhum valor legal, pois acordos entre países são firmados pelo Itamaraty. Foi assinado por Quércia e Tzvi Chazan, então cônsul-geral de Israel, amigo e padrinho de casamento do ex-governador paulista. Essa peça serviu de guarda-chuva para a compra, sem licitação, dos equipamentos em questão. Os envolvidos na trama alegaram que o protocolo era apenas uma carta de intenção, sem efeito jurídico. Mas o protocolo foi usado para amparar todas as decisões oficiais. Serviu para justificar o oferecimento de crédito às universidades e às polícias e para dispensar a licitação. O protocolo está citado no primeiro artigo de cada um dos oito contratos de importação.[57]

O principal documento gerado na investigação jornalística foi a primeira comprovação do superfaturamento (antes da perícia do Serviço de Criminalística da Polícia Federal, que confirmou o sobrepreço). Foi conseguido com a colaboração do professor Armando Laganá, do Laboratório de Sistemas Integráveis da Escola Politécnica. Técnico da reitoria da USP na gestão de José Goldemberg, ele ficara assustado com os preços dos equipamentos, quando a *Folha* publicou a primeira reportagem.

Por intermédio de correspondentes internacionais da *Folha*, o jornal já havia tentado, sem êxito, obter os preços dos equipamentos consultando as matrizes e filiais das empresas fabricantes.

56 *Folha de S.Paulo*, 23/10/1992.
57 Os bastidores dessa investigação estão narrados no livro *Fraude* (editora Scritta), do autor, publicado em agosto de 1994.

Foram enviadas cópias das guias de importação aos jornalistas Mario Chimanovitch, em Israel, Fernando Rodrigues, nos Estados Unidos, e Margareth Born, na Alemanha. As empresas alegaram "sigilo comercial". Em Tel Aviv, uma das fornecedoras recusou-se a fornecer quaisquer detalhes e informou que só o faria se fosse obrigada por determinação judicial da Corte israelense.

Foi idéia de Laganá mandar ao professor Márcio Rillo, especialista em automação que fazia doutorado na Alemanha, a cópia da fatura de um robô importado. O objetivo era solicitar à fabricante um orçamento detalhado, com as mesmas especificações do equipamento adquirido pelo governo paulista. O orçamento foi fornecido por uma representante da Eshed Robotec na Alemanha, a AIDA Automatisierungstechnik GmbH. Mostrava que o preço oferecido pela Sealbrent ao governo Quércia superava em 131% o preço do mesmo robô na Alemanha.

Com base nessa reportagem, o advogado paulista Bension Coslovsky entrou com ação popular contra o ex-governador. Centralizou sua argumentação no sobrepreço de 268% entre os dois custos apresentados para uma mesa giratória (US$ 679 orçados pela AIDA, contra US$ 2.500 pela Sealbrent). Coslovsky desmontou as alegações oficiais. Sustentou que o governo tentava "induzir que se cuida de produtos especiais", ou seja, usou a reportagem para comprovar que se tratava de "uma simples peça (uma mesa) com preço exorbitante".

Nessa apuração, tomei uma providência que não era comum na época, embora hoje seja prática usual no jornalismo investigativo: formalizei o pedido de acesso a documentos oficiais. Por sugestão de Ruy Lopes, então chefe-de-gabinete do secretário de Ciência e Tecnologia, Severo Gomes, formalizei um pedido de vista ao processo. O requerimento foi protocolado e recebeu parecer favorável do consultor jurídico Carlos Alberto Americano, com base em direito assegurado pela Constituição Federal e pela Constituição Estadual. Lopes e Americano foram os primeiros a identificar os indícios da operação fraudulenta.[58] Valeu no caso a experiência de Lopes, que

58 Ver *Fraude*, op. cit. O título do livro, *Fraude*, foi inspirado em declaração do ex-senador Severo Gomes, ao deixar o governo de Luiz Antônio Fleury, sucessor de Quércia: "Estou saindo porque constatei uma fraude e como servidor público acho que minha missão se encerra num governo quando não posso impedir esse tipo de coisa".

tinha sido editor-chefe da *Folha*, mas a quem eu só viria conhecer pessoalmente naquele dia.

Outro grande exercício praticado nessa investigação foi conter a ansiedade. Evitei publicar informações valiosas enquanto não tivesse documentos que sustentassem as revelações. Ao examinar o processo na Secretaria de Ciência e Tecnologia, sem poder tirar cópias, pude manusear documentos suspeitos que só foram citados na *Folha* quando consegui reproduções. Algumas delas foram obtidas em Dublin, um mês depois da primeira reportagem, pelo jornalista Antônio Carlos Seidl, então correspondente do jornal em Londres. Pelo registro da Sealbrent, por exemplo, soube-se que a empresa havia sido constituída com capital inicial de apenas duas libras. Um dos sócios, Gerard Coll, era empreendedor precoce: tinha apenas 18 anos quando a empresa de fachada fora registrada na Irlanda.

Ao folhear o processo, retomei uma prática valiosa: observar com cuidado as datas dos documentos. As evidências de irregularidades podem surgir nesses detalhes. Por isso, a primeira reportagem, com base num exame ainda superficial dos autos, já registrava que a tramitação do processo fora "apressada e irregular". "Mais precisamente, entre o dia 30 de novembro de 1990, quando foram conhecidos os resultados do segundo turno das eleições que conduziram Fleury ao Palácio dos Bandeirantes, e o dia 4 de dezembro, às vésperas do limite para empenho de verba para o ano seguinte".

Detalhe importante: o parecer do consultor jurídico, recomendando que o processo fosse transformado em diligência, tinha a data de 5 de dezembro de 1990. O contrato, arquivado no processo páginas depois, tinha a data de 4 de dezembro de 1990. Ou seja, como fora relatado já na primeira reportagem, "o contrato havia sido firmado antes do parecer jurídico; não houve diligência".

Outra observação a partir do registro de datas: a importação de US$ 70 milhões, valor de um dos oito contratos, havia sido justificada por uma declaração de apenas quatro linhas, firmada pelo então reitor da USP, Roberto Leal Lobo e Silva, enviada por fax no mesmo dia da assinatura do contrato, precisamente às 17h05: "Dada a especificidade dos equipamentos e materiais didáticos oferecidos, sua alta qualidade e análise de seus componentes, somos de parecer que seus preços são compatíveis". O reitor não esclarecia com o quê eram compatíveis os preços. Meses depois, em depoimento à Polícia Federal, Lobo afirmou que aquela declaração de quatro linhas havia sido solicitada, por telefone, pelo então secretário de Ciência e Tecnologia do governo Fleury, o economista Luiz Gonzaga de Mello Belluzzo.

Na denúncia ao STJ, consta que Lobo "foi pressionado pelo acusado Luiz Gonzaga de Mello Belluzzo, o qual condicionou o recebimento dos equipamentos à USP àquela declaração", que "acabou sendo feita de maneira rapidíssima pelo declarante, isto é, às escuras".

Estranhei que a formalização de uma aquisição tão importante para a universidade fosse feita na calada da noite, sem registro na imprensa. "O contrato foi firmado às pressas e às escondidas, por um secretário-adjunto, surpreendendo depois o meio universitário. Mais precisamente, o contrato foi assinado às 20h30, depois do expediente normal da Secretaria".[59]

Um cuidado permanente nessa apuração foi duvidar de documentos formalmente considerados regulares. O Tribunal de Contas do Estado manifestara-se favorável a que o Executivo fosse dispensado da obrigatoriedade de realizar licitação pública para a aquisição de vários produtos (essa dispensa é chamada de "inexigibilidade de licitação"). Tal inexigibilidade havia sido defendida em pareceres de três juristas apenas para a compra do sistema de radiocomunicação da Polícia Militar, por se tratar, em tese, de fornecedor exclusivo. Agindo com "ligeireza", como definiu Severo Gomes, o TCE alegou "economia processual" e aceitou que a inexigibilidade da licitação fosse estendida a outros produtos, sob o argumento de que se tratava de "matéria idêntica". O tal protocolo, dessa forma, facilitou a compra – sem licitação – de laboratórios de ensino, fuzis e metralhadoras, robôs didáticos, equipamentos para o corpo de bombeiros e até "miguelitos" (pregos retorcidos, um tipo de fura-pneus usado pela polícia para reprimir manifestações de rua ou por grevistas em piquetes). Diferentes produtos de fabricantes distintos tinham em comum apenas o intermediário. Interessante registrar o zelo de alguns técnicos do tribunal que,

59 *Fraude*, op. cit., p. 31.

prevendo a irregularidade a ser consumada, registraram no verso de alguns documentos sua discordância.

Finalmente, o caso das importações de Israel ficou marcado porque também evitei uma deficiência comum na imprensa: a falta de memória. Houve acompanhamento do caso até 2003, quando os demais envolvidos livraram-se de ação penal graças a expedientes facilitados pelo foro privilegiado.

A persistência do repórter tem um ônus, circunstância que já comentei em outro texto, exemplificando com o caso das importações de Israel: "Quanto mais complexa a investigação jornalística, maior a possibilidade de que outros veículos se abstenham de tratar do assunto. A persistência isolada do jornalista que revela e dá seqüência a um fato relevante pode ser interpretada injustamente como ânimo persecutório, interesse político ou interesse pessoal. A rememoração dos detalhes, necessária para contextualizar o fato e permitir o melhor entendimento do caso a cada volta ao assunto nos jornais, dá margem a que as partes atingidas aleguem, depois, terem sido vítimas de uma 'campanha' sistemática da imprensa".[60]

Em dezembro de 1996, visitei Israel, a convite do consulado-geral daquele país. Entre os vários contatos oficiais, surpeendi-me ao conhecer Israel Asher, presidente da Degem Systems, uma das empresas que forneceram equipamentos de ensino a universidades paulistas no governo Quércia, em 1988. Inicialmente reticente para falar sobre aquela operação, Asher disse que a Degem adotou os preços que pratica no mercado internacional. "O problema é que vendemos ao nosso representante por um preço, e ele vendeu por outro ao governo", disse o empresário. A Degem era representada no Brasil pela Trace Trading Company. Asher autorizou-me a fotografá-lo e publiquei suas declarações ao retornar ao Brasil, em reportagem que mereceu chamada na primeira página.[61] Soube depois, no Ministério Público Federal, que o empresário havia sido interpelado judicialmente e alegado ter havido um mal-entendido. Não voltei a conversar com Asher. Como não estava com gravador

60 "Os Limites da Investigação Jornalística na Área do Financiamento das Campanhas Eleitorais", palestra no *Congresso de Direito Eleitoral*. Tribunal Regional Federal da 3ª. Região, 11/9/2002.
61 *Folha de S.Paulo*, 4/1/1997.

durante a visita à sede da empresa, não tinha como sustentar o que publicara. Serviu-me de lição.

A pá de cal no caso das compras superfaturadas seria jogada 12 anos depois da primeira reportagem. Em fevereiro de 2003, a *Folha* estampou o seguinte título: "Supremo Decide Arquivar Processo Que Envolve Fleury".[62] "Graças a um expediente processual permitido pelo foro privilegiado, o STF decidiu que não poderão sofrer nenhuma punição os responsáveis pelas importações, sem licitação, de equipamentos superfaturados de Israel no final do governo Orestes Quércia (87-91) – e arquivou definitivamente o caso".

A reportagem informava que foram beneficiados os ex-secretários Fleury Filho (Segurança Pública), Belluzzo (Ciência e Tecnologia) e José Machado de Campos Filho (Fazenda), além dos intermediários da operação, os empresários liderados por Arie Halpern, da Trace Trading Company. O ministro Maurício Corrêa, do STF, determinou o arquivamento a pedido do então procurador-geral da República, Geraldo Brindeiro, por alegada prescrição. Por seu estilo, Brindeiro ficaria conhecido como "engavetador-geral" da República.

O foro especial garantido ao deputado Fleury (PTB-SP) permitiu que subissem ao STF processos envolvendo acusados sem direito àquela prerrogativa. Com a medida, foi extinta uma ação penal contra Belluzzo, Machado e dirigentes da Trace, cuja denúncia sob a acusação de estelionato havia sido recebida em 1999, por unanimidade, por 15 desembargadores do Tribunal Regional Federal, em SP. Fleury não havia sido denunciado nessa ação, mas se livrou de um inquérito criminal que se arrastava desde o início dos anos 90. O procurador regional da República, Mario Bonsaglia, que acompanhou o caso desde o início, disse que recebeu "com perplexidade" a decisão. Ele entendera que houve evasão de divisas, crime não tratado no parecer de Brindeiro, nem na determinação de arquivamento.

Brindeiro subscreveu parecer do subprocurador-geral Raymundo de Bonis, que viu semelhança e conexão entre um inquérito sobre importações da Alemanha Oriental, iniciadas no governo Franco

62 *Folha de S.Paulo*, 25/2/2003.

Montoro, sem suspeita de sobrepreço, e as compras de Israel. Bonis aposentou-se depois de pedir o arquivamento. O processo criminal tramitava na 4ª Vara Criminal, em São Paulo. Ao vislumbrar possível "conexão" com o inquérito contra Fleury, que fora arquivado, o juiz João Carlos da Rocha Mattos considerou-se "incompetente" para prosseguir julgando a ação criminal. Rocha Mattos "revogou" o despacho em que recebera a denúncia contra Belluzzo, Machado e os empresários da Trace e enviou os autos ao STF, o que também contribuiu para o arquivamento do caso.

Em 1992, voltei a usar esquema semelhante para comprovar superfaturamento na compra de móveis por uma empresa do governo de São Paulo, a Companhia Paulista de Obras e Serviços (CPOS), durante o governo Fleury. A partir de cópia do orçamento detalhado, oferecido pela empresa Mobilinea na concorrência pública, fizemos uma tomada de preços numa representante da empresa em outra cidade. Aquela fabricante havia vencido a licitação oferecendo um preço 36,45% superior ao de outra concorrente, a Escriba.[63]

Esse caso teve um desdobramento incomum. O Tribunal de Contas do Estado realizou auditoria e, no ano seguinte, o Ministério Público pediu o arquivamento do processo, alegando que os diretores da CPOS haviam depositado o correspondente ao prejuízo ao erário com a compra dos móveis superfaturados.

63 *Folha de S.Paulo*, 24/5/1992.

2

A imprensa faz um bom acompanhamento do Legislativo e do Executivo. Fiscaliza-os, revela o loteamento de cargos, explora os casos de nepotismo nos dois poderes, controla as dotações orçamentárias e emendas de parlamentares. O Congresso tem ocupado grande espaço na mídia, alvo de sucessivos escândalos. Os jornalistas têm utilizado com eficiência os *sites* oficiais que fornecem dados sobre o Executivo e pressionado por mais transparência nas contas públicas.

O *Diário Oficial da União* e o *Diário da Justiça*, assim como os diários oficiais nos Estados, são úteis para identificar boas pautas. Embora nem todos possuam ferramentas de busca ágeis e ainda haja limitações ao acesso de informações em alguns Estados, sua leitura diária é recomendável aos jornalistas. O DOU é dividido em três seções. Grosso modo, a primeira apresenta atos do Poder Executivo, do Poder Judiciário e dos ministérios. A segunda é dedicada à movimentação de pessoal. A terceira, aos contratos públicos. Grandes reportagens, às vezes, surgem em pequenos detalhes.

Em novembro de 2007, fiquei curioso ao perceber, no índice da Seção 3 do *Diário Oficial*, que o Ministério das Minas e Energia ocupava mais de 900 páginas daquela edição. Era a listagem de 315 mil candidatos aprovados pela Companhia Hidrelétrica do São Francisco (Chesf), que fizera concurso público sem nenhuma vaga aberta, a título de manter um "cadastro de reserva".

Na ocasião, a estatal contava com 5.700 funcionários, não tinha planos de contratação em massa e previa apenas a reposição de aposentadorias. Nada menos que 856,5 mil pessoas de vários Estados de todo o país se inscreveram. "Para milhares de candidatos, o sonho de emprego estável, recebendo salários e benefícios considerados atraentes para a região Nordeste, não deverá passar de um registro burocrático no 'cadastro de reserva' da empresa estatal", comentei no texto.[64] Especialistas viram naquele concurso mais uma mostra de incompetência do Estado, que ainda "engatinha no processo de modernização da gestão".

Um dos órgãos cujas informações no *Diário Oficial* são muito consultadas pela imprensa é o Tribunal de Contas da União (TCU). Na primeira seção, são publicados atas e julgamentos de contratos, prestações de contas dos governos federal, estaduais e municipais, além de recursos contra decisões do próprio tribunal.

O TCU não é um órgão do Judiciário. É uma instituição que assessora o Legislativo. Seus ministros geralmente vêm desse poder, ou são indicados por ele, o que empresta às decisões, em geral, um caráter político. O TCU conta com auditores e técnicos eficientes, distribuídos em todo o país. Nem sempre suas recomendações são acolhidas pelo plenário. Não raro irregularidades graves resultam em simples recomendações aos órgãos fiscalizados para evitar a repetição de práticas danosas ao erário.

Em 1997, depois de deixar a edição do "Painel S/A", transferindo-me para o grupo de repórteres especiais, dediquei várias semanas a examinar, em Brasília, o funcionamento do TCU. Desconfio que o quadro apresentado naquela ampla investigação não tenha se alterado muito. Título da reportagem: "TCU É Incapaz de Combater a Corrupção". Revelava que o tribunal "gasta 3,6% de seu tempo auditando contas públicas; julgamentos e burocracia consomem 96,4%".[65]

"Encarregado de fiscalizar e punir o mau uso do dinheiro público em todo o país, [o TCU] é incapaz de coibir com rigor a corrupção na máquina administrativa e inibir desperdícios de recursos da União", afirmava a reportagem. "Esse 'superior tribunal da administração pública' não tem instrumentos legais para obrigar a devolução do dinheiro desperdiçado por gestores desonestos. Entre 1991 e 1996, o erário foi ressarcido em valores inexpressivos: apenas 0,17% do que foi cobrado judicialmente de administradores condenados pelo TCU". A competência dos auditores do TCU é confirmada na atuação desses especialistas em apoio às Comissões Parlamentares de Inquérito. A *Folha* constatou

64 *Folha de S.Paulo*, 12/11/2007.
65 *Folha de S.Paulo*, 9/11/1997.

que o TCU não era fiscalizado por nenhuma instituição externa, nem avaliado pelo Legislativo, do qual é órgão auxiliar.

Funciona no TCU um "Ministério Público" que não tem nada a ver com o Ministério Público da União. Ou seja, são procuradores nomeados pelo tribunal. Podem ser indicados pelo plenário, em lista tríplice, para nomeação como ministro do tribunal pelo presidente da República. Em 1992, a "independência" desse apêndice no TCU foi alvo de forte polêmica no Senado. "É impossível nomear-se o próprio fiscal. Na verdade, não existe Ministério Público no Tribunal de Contas: existe uma assessoria jurídica", dizia o então senador José Paulo Bisol, do PSB-RS. "Quem cuida do guarda? Quem fiscaliza o TCU?", perguntava ele. "Um Ministério Público particular é muito mais do que inconstitucional, é um absurdo jurídico e é, institucionalmente, um problema ético".

Há levantamentos realizados pelo TCU que devem ficar perdidos nos arquivos do tribunal, mas que, seguramente, teriam rendido excelentes reportagens. Lembro-me de haver lido uma extensa auditoria feita nas embaixadas do Brasil em vários países. O relatório listava casos graves de desaparecimento de peças e obras de arte.

Em 2001, relatórios do TCU serviram de ponto de partida para reportagem sobre as contratações, sem licitação, de consultorias privadas, fundações de universidades e organismos internacionais. Entre 1997 e 1999, o governo federal havia firmado contratos de consultoria sem licitação no total de R$ 1,7 bilhão. Esses recursos correspondiam ao que o governo do então presidente Fernando Henrique Cardoso prometia gastar no programa Bolsa-Escola naquele ano.

O levantamento do TCU abrangia 219 unidades da administração federal. Muitos dos serviços listados poderiam ser feitos pelo órgão público contratante (pela lei, a consultoria só é admitida em atividades que não possam ser desempenhadas por servidores). Driblava-se, em sua grande maioria, essa exigência legal. Foram informados como serviços de consultoria trabalhos de tradução, regência de orquestras, apresentações de peças teatrais, instalações elétricas e até mesmo confecção de cópias de chaves. Os contratos com participação de organismos internacionais servem de cortina para suprir a carência de pessoal nos órgãos da administração, ou para reforço dos ganhos de servidores mal pagos. Servidores públicos recebiam diárias e remuneração tanto da administração pública federal, quanto de organismos internacionais.

A reportagem do jornal coincidiu com a publicação de dossiê editado pela *Revista Adusp*, da Associação dos Docentes da Universidade de São Paulo, sob o título "Dossiê: Fundações Privadas na USP – Negócios Lucrativos, Orçamentos Milionários". A revista dos professores – citada no texto da *Folha*– observava que, "embora sejam, por definição, entidades sem fins lucrativos e não recolham impostos, algumas dessas fundações exploram a marca 'USP' e geram orçamentos milionários que permitem a remuneração extraordinária para os docentes participantes". As fundações se apóiam na Lei 8.666/93, que dispensa a licitação para instituições de pesquisa e ensino "com reputação inquestionável e sem fins lucrativos".

3

A cada início de governo, é possível acompanhar pela Seção 2 do *Diário Oficial da União* as nomeações com objetivos políticos, avaliar os quadros saídos da academia, da iniciativa privada ou de administrações municipais e estaduais que engrossarão o bloco de apadrinhados. É quando são cumpridos certos compromissos firmados antes das eleições. Nesse período, prosperam nas colunas de bastidores da política os rumores sobre indicações para o novo ministério e para o segundo escalão do governo.

Pessoas próximas do presidente Luiz Inácio Lula da Silva dizem que ele não gosta de ser "pautado" pela imprensa. Seria capaz de rejeitar a nomeação de um notável se percebesse que o nome do aspirante esteve em evidência na mídia. No início do primeiro mandato de Lula, confirmou-se a disposição oficial de blindar personagens sob suspeição. Faltou transparência quando seu governo precisou afastar uma autoridade cuja incompatibilidade com o serviço público fora apontada em reportagem de minha autoria. Em fevereiro de 2003, a *Folha* revelou que o procurador regional da República Brasilino Pereira dos Santos pedira à Justiça a decretação de busca e apreensão de documentos na Polícia Rodoviária Federal, em Brasília, ao investigar suspeita de fraude na aquisição, sem licitação, de 220 veículos da General Motors, no final de 1995.[66] A investigação vinha sendo dificultada porque a Polícia Rodoviária Federal não fornecia à Polícia Federal documentos do processo de aquisição dos veículos para a realização de perícias.

De acordo com o Ministério Público Federal, o diretor-geral da Polícia Rodoviária, Álvaro Vianna Moraes, não respondeu aos ofícios da Polícia Federal e deixou de cumprir duas decisões judiciais. General da reserva, Moraes dirigia a Polícia Rodoviária

66 *Folha de S.Paulo*, 14/2/2003.

desde dezembro de 1999 e fora mantido no cargo pelo ministro da Justiça Márcio Thomaz Bastos. Surpreendia que um subordinado do titular da pasta da Justiça pudesse compactuar com o não-cumprimento de uma decisão judicial. Soube que a situação de Vianna Moraes ficara insustentável depois da publicação da reportagem, e que o ministro da Justiça resolvera substituí-lo. O militar da reserva chegou a enviar correspondência à direção do jornal, queixando-se do noticiário, mas isso não mudou o rumo das reportagens.

Desconfiei que o governo trocaria o comando da Polícia Rodoviária sem dar publicidade ao fato, talvez para não deixar evidente que agira motivado por uma revelação da imprensa. A assessoria de Thomaz Bastos prometera confirmar com antecedência a substituição, tida como certa, mas o assunto era sucessivamente postergado. Passei a consultar diariamente os atos administrativos do Ministério da Justiça, no segundo caderno do *Diário Oficial.*

Não recebi nenhuma informação prévia. Em abril, graças à insistente leitura da publicação oficial, confirmei: "O diretor-geral do Departamento de Polícia Rodoviária Federal, Álvaro Henrique Vianna de Moraes, foi exonerado, dois meses depois de terem sido divulgadas pela *Folha* suspeitas de várias irregularidades em sua gestão. A edição do *Diário Oficial da União* de ontem publica a exoneração de Moraes, 'a pedido', no mesmo ato em que o ministro-chefe da Casa Civil, José Dirceu, nomeia como substituto o superintendente do órgão no Paraná, o inspetor Hélio Cardoso Derene".[67]

Vianna de Moraes foi o primeiro dirigente de órgão federal afastado no governo Lula. Não houve qualquer comunicado oficial à imprensa.

A primeira demonstração de blindagem em torno de dirigentes sob suspeição na gestão petista foi publicada na mesma época: "Governo Lula Mantém Suspeito de Fraude", foi o título de reportagem da *Folha*, revelando que o secretário-executivo do Ministério do Desenvolvimento, Márcio Fortes de Almeida (nomeado ministro das Cidades em 2005) estava sendo investigado

67 *Folha de S.Paulo*, 17/4/2003.

pelo Ministério Público Federal por suspeitas de irregularidades em contratos que firmou no governo Fernando Henrique Cardoso.[68] Ele exercera as mesmas funções no Ministério da Agricultura no governo tucano.

O Ministério Público Federal solicitara que Márcio Fortes fosse ouvido pela Polícia Federal em inquérito policial para apurar supostas fraudes na contratação, sem licitação, de empresas de informática em 1999, a título de evitar problemas nos sistemas do ministério durante o chamado "bug do milênio". As empresas teriam recebido somas indevidas por serviços não prestados ou desnecessários. Uma das empresas teria recebido indevidamente R$ 5,3 milhões.

O governo Lula ainda não havia sido exposto a revelações sobre casos de corrupção e Márcio Fortes era acusado de adotar práticas que sempre foram motivos de críticas do PT. Durante anos, o secretário-executivo acumulara a função de diplomata, um serviço público, com atividades privadas na Associação de Comércio Exterior do Brasil. Mesmo vinculado ao Itamaraty, ele era encontrado no escritório da empresa Pedras Altas, uma *trading* do ex-ministro da Agricultura Marcus Vinicius Pratini de Moraes, no Rio de Janeiro. Ele alegou que havia um "entendimento operacional com o Ministério das Relações Exteriores para apoiar estudos e programas de exportação".

Dois anos depois, voltei ao assunto. "Um jogo de empurra entre ministros do governo Lula travou durante meses investigação na esfera administrativa sobre a suspeita de fraudes no Ministério da Agricultura, em 1999, no governo Fernando Henrique Cardoso".[69] As divergências surgiram com o não-cumprimento de uma decisão da Controladoria-Geral da União, que, em agosto do ano anterior, recomendara apurar a responsabilidade de Márcio Fortes na contratação das empresas de informática. A recomendação da CGU para investigar o secretário foi discutida em reunião entre os ministros Luiz Fernando Furlan (Desenvolvimento), Roberto Rodrigues (Agricultura), Waldir Pires (Transparência) e José Dirceu (Casa Civil), em 2004.

68 *Folha de S.Paulo*, 10/2/2003.
69 *Folha de S.Paulo*, 2/4/2005.

O embaraço surgiu quando Pires, então titular da CGU, propôs a anulação de julgamento proferido por Rodrigues, que isentara Márcio Fortes. Rodrigues entendeu que não havia nos autos documentos ou indícios de que ele tivesse ordenado a execução de atos ilegais a subordinados. Para Pires, contudo, a decisão de Rodrigues "contrariou as provas dos autos". Um mês depois, Rodrigues ainda tentou reverter a situação, pedindo à CGU que reconsiderasse aquele entendimento. A controladoria reavaliou o processo e entendeu que persistiam os motivos da recomendação. A sindicância anterior havia sido arquivada por despacho do próprio Márcio Fortes, citado por servidores do ministério como o "mentor intelectual" do processo de contratação das empresas de informática.

A CGU informou ao então ministro da Agricultura que a decisão propondo a abertura de nova sindicância estava mantida. A seu favor, Márcio Fortes alegou decisão do Tribunal de Contas da União. Como a *Folha* registrou, "sem acolher as conclusões e as recomendações da área técnica, que atribuía ao secretário-executivo a responsabilidade pelas irregularidades, o TCU o isentou e determinou o arquivamento do processo em fevereiro de 2005". Isso não alterou o convencimento dos auditores da CGU nem a avaliação preliminar do Ministério Público.

4

Antônio Calmon, prefeito de São Francisco do Conde (BA), era acusado de contratar obras superfaturadas, fraudar concorrências e usar apartamento de uma empreiteira. Em 2004, foi reeleito pela coligação "O progresso não pode parar". Giovanni Brillantino, prefeito de Itagimirim (BA), era acusado de pagar antecipadamente serviços não executados, fazer licitações com indícios de fraude e publicar sua foto em cadernos escolares. Ganhou novo mandato pela coligação "Pra fazer muito mais". A revelação dessas irregularidades não parou o progresso de Calmon nem impediu Brillantino de fazer muito mais. Ambos pertenciam ao ex-PFL (hoje DEM).[70]

Naquela eleição, decidi cruzar informações do Tribunal Superior Eleitoral (TSE) com levantamentos da Controladoria Geral da União (CGU). Selecionei prefeituras auditadas pela CGU entre 2000 e 2002 e identifiquei, nas listas do TSE, prefeitos com administrações irregulares candidatos à reeleição. O objetivo era conferir se a fiscalização da CGU nas prefeituras, apontando suspeitas de corrupção, teria algum reflexo nas campanhas ou nas urnas.

A reportagem levou cerca de um mês para ser concluída. Exigiu muitos telefonemas interurbanos. Relacionamos 40 prefeitos suspeitos de desviar verbas federais de programas de habitação, saúde e educação, entre outros. Os recursos fiscalizados correspondiam a R$ 908,6 milhões. O resultado foi um retrato dos "ralos" do dinheiro público nos vários recantos do país. Ficou evidente como ainda são inócuos os mecanismos de fiscalização: 20 dos 40 prefeitos da amostra da *Folha* foram reeleitos. Ficou patente, também, como as irregularidades são repetidas nessas localidades onde não se tem idéia do que venha a ser jornalismo investigativo.

70 *Folha de S.Paulo*, 1/10/2004.

Em Bagre (PA), fiscais da CGU localizaram uma lancha-ambulância no píer da casa do prefeito Pedro Santa Maria (PTB). Na administração da prefeita Sônia Nascimento (PSDB), em Novo Gama (GO), foram "aplicados" R$ 315,8 mil na aquisição de equipamentos e móveis para um hospital inexistente. As suspeitas de corrupção e de favorecimento a familiares apontadas pela CGU atingiam prefeitos de todos os partidos, com exceção do PT. Não raro uma empresa de parente do prefeito, ou mesmo do próprio prefeito, "ganhava" uma licitação forjada para receber verba destinada à construção de escolas, hospitais ou moradias.

São Francisco do Conde tem apenas 27 mil habitantes, mas o prefeito Calmon comprou 60 mil fichas para controle de doenças contagiosas. Pagou R$ 629 mil por 4,3 milhões de elásticos para prender cédulas de dinheiro, que nunca foram entregues. Desembolsou R$ 2,2 milhões na locação de 108 automóveis, alguns luxuosos, usados por sua família. Calmon reelegeu-se com 99,53% dos votos válidos. Acusado de superfaturar contratos em até 2.108%, mereceu capa da *Época*. Afastado em 2005 pela Justiça estadual em ação penal, foi reconduzido ao cargo pelo STJ.[71]

A imprensa evoluiu bastante na fiscalização das eleições. Muitas irregularidades antecedem o pleito – e essas são difíceis de captar. Há formações antecipadas de caixas de campanha. As práticas viciadas se estendem após a abertura das urnas, com o "cumprimento" de compromissos assumidos muito antes da contagem dos votos. Em setembro de 2002, reuni alguns exemplos dessas práticas e as expus a novos juízes federais, a convite do Tribunal Regional Federal da 3ª Região, em São Paulo. A palestra teve o título "Os Limites da Investigação Jornalística na Área do Financiamento das Campanhas Eleitorais".[72] Esse material serviu de roteiro para artigo posterior intitulado "O Buraco Negro das Campanhas".[73]

Afirmei aos novos magistrados que os acordos durante as campanhas estão na origem da maioria dos escândalos com o uso de dinheiro público: contratações dirigidas, licitações fraudadas e obras superfaturadas, pautas permanentes do chamado jornalismo

71 *Folha de S.Paulo*, 29/9/2005.
72 *Congresso de Direito Eleitoral* – Tribunal Regional Federal da 3ª Região, 11/9/2002.
73 *Folha de S.Paulo*, 26/9/2002.

investigativo. Essas apurações são demoradas. Requerem a checagem de documentos e informações, espécie de auditoria, e uma dedicação exclusiva, muitas vezes incompatível com o acúmulo de assuntos diários tratados pelos jornalistas.

Quanto mais complexa a investigação jornalística, maior a possibilidade de que outros veículos se abstenham de tratar do assunto. O financiamento de campanha exige contabilidades clandestinas, a partir de recursos de "caixa-dois" das empresas. A identificação segura desses desvios depende de investigações mais profundas, com a quebra de sigilo bancário, como ocorre nos trabalhos de uma Comissão Parlamentar de Inquérito.

Diante do grau de promiscuidade, antes, durante e depois das eleições, as apurações jornalísticas devem alcançar apenas a superfície desses negócios. "A imprensa raramente é capaz de flagrar o momento do crime. O que tem feito é revelar evidências de fraudes tempos depois", concordou o então *ombudsman* da *Folha*, Marcelo Beraba, em artigo intitulado "Dinheiro Sujo e Esqueletos", ao comentar o texto sobre "O Buraco Negro das Campanhas".[74] Em 1998, um empreiteiro fez um raciocínio exemplar sobre as chamadas "reciprocidades eleitorais". Dizia ele que, devido à maior fiscalização da sociedade, a possibilidade de uma empresa da construção vir a ganhar uma obra depois das eleições seria maior se ela não contribuísse durante a campanha. Estaria acima de qualquer suspeita para vencer posteriormente uma licitação dirigida, preterindo as que contribuíram. Em contrapartida, seria alvo mais fácil para a cobrança seguinte de "pedágios" e comissões.

Há esquemas disfarçados de financiamento eleitoral, nem sempre captados pela vigilância da imprensa. São apoios sob a forma de material útil à campanha, sem registros comprometedores. Algumas doações são feitas muito antes do período eleitoral. Usineiros paulistas, por exemplo, constroem creches, doam máquinas e ambulâncias para prefeituras cujos titulares são afinados com a defesa do Proálcool, não importando a sigla partidária do beneficiado. Foi a forma como muitas usinas ajudaram candidatos do PT no Estado de São Paulo.

74 *Folha de S.Paulo*, 27/9/2002.

Em 2002, de olho nas liberações publicadas no *Diário Oficial* às vésperas do pleito, registrei que "parte dos R$ 400 milhões a serem pagos pelo governo federal a usineiros nordestinos, a título de 'equalizar' os custos de produção de cana-de-açúcar em relação aos do Centro-Sul, poderá ser usada para 'irrigar' campanhas eleitorais na região".[75]

Em 1998, graças a informações sigilosas passadas por alguns empresários, pude revelar como a indústria automobilística ajudava os candidatos de sua preferência, preservando o nome das empresas montadoras, em tese, proibidas pelas matrizes de fazerem contribuições eleitorais. A pedido das montadoras, as concessionárias emprestam carros usados aos comitês de campanha. Em contrapartida, recebem veículos zero quilômetro faturados em condições especiais. Esse grande *lobby* é espalhado nos vários Estados. Obedece a um mapeamento da rede de concessionárias, muitas delas de propriedade de políticos.

O governador Mario Covas circulou durante a campanha eleitoral de 1998 a bordo de uma moderna *van* emprestada pelo presidente da Toyota. A assessoria do candidato confirmou o empréstimo. A empresa alegou que era uma "manifestação de amizade" e o reconhecimento pelo esforço de Covas ao instalar uma fábrica da montadora no Estado. No dia da votação, Covas não circulou na *van*, possivelmente para evitar fotos.

Há outros mecanismos de apoio disfarçado. Em 1998, graças a uma boa fonte na indústria, revelei que grandes grupos privados ligados ao movimento "Ação Empresarial" enxertaram nos anúncios de suas empresas mensagens subliminares de otimismo, como apoio disfarçado ao governo Fernando Henrique Cardoso, candidato à reeleição. Era a chamada "Campanha do Bom Astral", cujos objetivos foram traçados e confirmados na reportagem pelo autor da peça, o publicitário Mauro Sales.

Acompanhei o reexame da prestação de contas formal dos candidatos tucano e petista nas eleições presidenciais de 1998. Solicitei, nos dois casos, avaliação de uma firma de auditoria. Conferi algumas contribuições listadas pelos tucanos. Selecionei cheques de valores iguais, de vários contribuintes, com repetição de cen-

75 *Folha de S.Paulo*, 26/9/2002.

tavos quebrados. Desconfiava de direcionamento de cheques pré-datados, emitidos por pessoas físicas, e usados para contribuições eleitorais de pessoas jurídicas. Telefonei para cerca de 50 pessoas, em vários Estados. Todos confirmaram a regularidade das doações. Esse inútil esforço não gerou nenhuma linha publicada.

No outro lado do espectro político, a checagem da prestação de contas do candidato petista à Presidência, em 1998, também não revelaria distorções. Havia o registro das muitas contribuições em valores ínfimos. Esse aspecto também ficou evidente ao examinar, nas eleições de 2000, as prestações de contas dos candidatos em Santo André. Aparentemente, os valores maiores eram compatíveis com o porte das empresas do município. Naquela ocasião já eram fortes os rumores de fartura de recursos nas eleições municipais. Eram conhecidas as denúncias de irregularidades naquela administração tida como modelo de gestão do Partido dos Trabalhadores.

Observadores tucanos desde o pleito de 2000 investigavam, por conta própria, os bastidores das eleições em Santo André. Era uma tentativa de mapear o esquema nacional de financiamento de campanhas do PT. "O assassinato do prefeito daquele município, Celso Daniel, abriu espaço para a administração do tucano Geraldo Alckmin investigar um tema incômodo para o Partido dos Trabalhadores: as relações do PT com empreiteiros e fornecedores e os esquemas de financiamento eleitoral".[76]

Atento, o jornalista Bernardo Kucinski questionou, semanas depois, o desinteresse da imprensa. Sob o título "Pergunta Sem Respostas", registrou na coluna "Cartas Ácidas", no *Observatório da Imprensa*: "Há uma pergunta mais grave que a mídia não responde: Frederico Vasconcelos informou na *Folha* do dia 25 de janeiro que '[...] as relações suspeitas de personagens em torno do prefeito [Celso Daniel] podem dar aos tucanos, para uso posterior, munição inesperada pelos petistas [...] a *Folha* apurou que essa teia de ligações vinha sendo levantada há algum tempo, reservadamente, por membros da segurança pública no governo tucano". E insistia Kucinski: "Ora, que investigação reservada era essa que fuçava na vida de Celso Daniel e que envolveu tanto a polícia de Alckmin

76 *Folha de S.Paulo*, 25/1/2002.

como a Polícia Federal? Por que estava em curso uma marcação em cima de Celso Daniel, seus amigos e familiares?"[77]

Meses depois, eu voltaria ao assunto, com mais detalhes. "Os negócios entre a prefeitura de Santo André e empreiteiras despertavam a atenção do Ministério Público Estadual e do Palácio dos Bandeirantes." A *Folha* revelou que, entre os observadores informais, estava o então promotor Saulo de Castro Abreu Filho, depois nomeado secretário estadual da Segurança Pública.[78]

Contratações suspeitas, levantadas muito antes pelo jornalista Luiz Maklouf Carvalho, no *O Estado de S.Paulo*, e reforçadas por reportagem da *Folha* na eleição de 2000, só viriam a merecer uma investigação mais ampla na esfera do Judiciário depois do brutal seqüestro e assassinato do prefeito. Alertado, dois anos antes, o PT aparentemente não se preocupou em esclarecer as suspeitas. "Um indício do monitoramento feito à distância pelo PSDB: em dezembro de 2000, o governo Covas desistiu de firmar convênio com a prefeitura de Santo André, pelo qual o Estado forneceria R$ 5,9 milhões para obras do Tamanduateí, ao descobrir que a verba seria usada para contratar a Emparsanco, sem licitação". Trata-se de empreiteira tradicional no ABC e que também prestava serviços à prefeitura petista de Belém (PA).[79]

As investigações sobre o assassinato de Celso Daniel trouxeram às páginas do jornal a figura de Sérgio Gomes da Silva, amigo do prefeito e que dirigia o carro do qual Daniel fora seqüestrado antes de ser assassinado. Gomes era acusado de ser o mentor de um sistema de propinas em Santo André e circulava com desenvoltura entre políticos do PT. "Durante a campanha eleitoral em Santo André, em 2000, surgiram dossiês com denúncias de superfaturamento de obras públicas beneficiando empresas de Ronan Maria Pinto, sócio de Sérgio Gomes e proprietário de empresas de ônibus". Durante várias semanas examinei esses documentos. Descobri que Ronan, ex-aliado de Paulo Maluf, ajudara a torpedear a gestão petista de Luiza Erundina antes de se tornar um "aliado pontual" de prefeituras do PT.[80]

77 *Observatório da Imprensa*, 6/2/2002.
78 *Folha de S.Paulo*, 21/6/2002.
79 *Folha de S.Paulo*, 21/6/2002.
80 Idem.

"Reeleito com 70,13% dos votos de Santo André, o prefeito Celso Daniel superou nas urnas uma barreira que costuma incomodar as gestões petistas: as suspeitas de que a corrupção também tem espaço em governos do PT." A informação, um dia depois da reeleição de Daniel, em 2000, não despertaria maior interesse da imprensa. "A administração de Daniel, a título de romper o cartel na área de limpeza pública, fez um acordo informal que permitiu facilitar a 'entrada' das empresas de Ronan em Santo André", revelou a reportagem. Por telefone, o então prefeito licenciado negou que Ronan tivesse recebido tratamento diferenciado. "Sua empresa ganhou licitações oferecendo os mesmos serviços, com a mesma qualidade, a um preço substancialmente inferior", disse-me Celso Daniel.

Essas reportagens geram a antipatia dos candidatos e a crítica de correligionários. A reação mais incisiva ocorreu com a revelação, em 1990, numa série de reportagens da *Folha*, de contratos sem licitação, no início do governo Fernando Collor de Mello, beneficiando agências de publicidade que haviam trabalhado na campanha eleitoral. O episódio motivou ação criminal do presidente eleito contra quatro jornalistas da *Folha*, entre os quais o diretor de redação, Otavio Frias Filho, acusados de crime de calúnia.

Aquela ação foi uma tentativa de intimidação que não prosperou, e Collor não recorreu da decisão que absolveu os jornalistas. Ele alegara ter sido ofendido com duas notas que redigi no "Painel Econômico", informando as suspeitas, dentro do próprio governo, de que as contratações compensariam dívidas de campanha com a agência Setembro Propaganda, de Minas Gerais. Essa informação, reproduzida também nos jornais da família do presidente, em Alagoas, que republicavam a mesma coluna da *Folha*, contrastava com a confirmação de que sobraram recursos na campanha eleitoral. Num levantamento posterior, em Belo Horizonte, constatei que a agência passara a operar com duas grifes: uma empresa, sem dívidas na praça [a Setembro Propaganda], assinava contratos com o governo; a outra [Setembro Comunicação Mercadológica] acumulava títulos protestados em cartório. Ou seja, saíra da campanha endividada.[81]

81 *Folha de S.Paulo*, 26/12/1990.

"A agência de propaganda Setembro Comunicação Mercadológica, de Almir Sales, que fez em 1989 a campanha de Fernando Collor à Presidência, teve 12 títulos protestados nos últimos meses. Foi contratada sem licitação pela Petrobrás, em julho, quando já acumulava dívidas", informava. "Em tese, nenhuma empresa com título protestado tem idoneidade para entrar numa licitação", comentou o advogado Ives Gandra Martins. Sales afirmara à *Folha* que "as duas agências estão tranqüilas, sem problemas, pagando impostos e com seus compromissos em dia". No dia seguinte, ouvido pela sucursal de Belo Horizonte, Sales, entre impropérios ao telefone, afirmou que iria contratar advogado para mover uma ação contra a *Folha* e contra o editor do "Painel Econômico", pois a reportagem, segundo ele, era "profundamente desonesta, tendenciosa e inverídica".[82] Não moveu nenhuma ação.

Mais de dez anos depois, o publicitário seria personagem de outra reportagem de minha autoria, sob o título "Ex-publicitário de Collor É Condenado Por Sonegação".[83] "O publicitário Almir Sales, dono da Setembro Propaganda Ltda., de Belo Horizonte, que coordenou a campanha publicitária de Fernando Collor de Mello à Presidência da República em 1989, foi condenado a oito anos e dez meses de prisão, além de multa, sob a acusação de sonegação fiscal e falsificação de documentos". Cabia recurso da decisão e o empresário recorreu em liberdade. Segundo a acusação, Sales e o gerente financeiro Eliú Ferreira Neres "omitiram informações às autoridades", valendo-se de "artifícios para reduzir a base de cálculo de tributos devidos ao fisco e gerar 'caixa-dois' na Setembro, além de transferir recursos para o 'esquema PC' (de Paulo César Farias, tesoureiro da campanha de Collor)".

Segundo o Ministério Público Federal, houve o aproveitamento de notas fiscais de empresas desativadas, desvios de cheques e depósitos em contas "fantasmas".

O advogado de Sales, Marcelo Leonardo, então presidente da OAB-MG, disse que seu cliente tinha sido vítima de perseguição política. Ele afirmou que "a alegação de fraude está baseada em informações obtidas através de quebra ilícita de sigilo bancário".

82 *Folha de S.Paulo*, 27/12/1990.
83 *Folha de S.Paulo*, 20/10/2001.

Boa parte do avanço na cobertura jornalística sobre as eleições resulta da informatização e do acesso aos dados do Tribunal Superior Eleitoral (TSE). Mas os tribunais regionais eleitorais não mantêm procedimentos iguais. Certa vez, solicitei por telefone ao TRE paulista a declaração de bens do ex-governador paulista Orestes Quércia. Recebi por fax no mesmo dia a cópia do documento. Interessado nas declarações de bens do ex-governador Tasso Jereissati, do Ceará, enviei solicitação por fax, com duas semanas de antecedência ao TRE local. Ao buscar os documentos, pessoalmente, em Fortaleza, fui surpreendido com a alegação de extravio do pedido e a impossibilidade de fornecimento das declarações, por falta de "protocolo". Dias depois, disseram-me que o pedido havia sido parcialmente indeferido pelo presidente do órgão. Só obtive esses documentos públicos quando pedi cópia do alegado despacho de indeferimento. Não havia despacho.

Em jullho de 2002, publiquei reportagem revelando que o patrimônio do ex-governador Quércia aumentara 562% em cinco anos.[84] Pedi a uma empresa de auditoria privada para comparar a declaração de bens oferecida pelo candidato um mês antes à Justiça eleitoral com as declarações do Imposto de Renda de 1997 e 1996, juntadas a uma ação civil pública movida contra o ex-governador. Em 1996 quando o Ministério Público estadual tentou bloquear seus bens, o patrimônio de Quércia era de R$ 9,8 milhões. Em 2002, o candidato a senador declarou patrimônio de R$ 64,8 milhões, o que correspondia a algo como o faturamento diário dos *shopping centers* paulistas naquela época.

84 *Folha de S.Paulo*, 27/12/1990.

5

Em anos de eleições, a leitura do *Diário Oficial* requer cuidado redobrado para identificar atos do Executivo com interesses eleitoreiros. Em janeiro de 2002, um pequeno edital indicava que o governo de São Paulo iria investir R$ 60 milhões na compra de 2.283 veículos para as polícias. A compra, num ano eleitoral, renderia dividendos políticos ao governador Geraldo Alckmin (PSDB), candidato à reeleição. "Quando entregar os veículos a vários municípios, Alckmin terá seu discurso reforçado para tentar reverter a insatisfação popular com a questão da segurança".[85]

"O ideal seria termos uma compra dessas a cada ano", disse o coronel reformado da PM José Vicente da Silva Filho, consultor de segurança pública do Instituto Fernand Braudel. "A população deve cobrar do governo as informações sobre como vai ser feita a distribuição desses recursos públicos", disse. Silva Filho temia uma "distribuição política" de veículos para cidades do interior com baixas ocorrências policiais, mantendo "descuidadas" áreas mais violentas, como a capital e a Grande São Paulo.

A suspeita de uso de recursos públicos com fins eleitorais quando Alckmin disputou a reeleição só veio à tona em 2006, quando ele participava da campanha eleitoral para a Presidência. Essa apuração havia começado meses antes, mas devido a uma série de incidentes – independentemente do repórter e do jornal – a reportagem acabou sendo publicada apenas quando o tucano dava os primeiros passos tentando alçar vôo rumo ao Planalto.

Em março de 2007, num mesmo fim de semana, Alckmin estava na capa de duas revistas semanais: na *IstoÉ*, sob o título "O AntiLula", e na *Época*, com o título "Presidente Alckmin?". As duas revistas reproduziam o discurso anticorrupção ensaiado pelo governador: "Ao contrário de Lula e do PT, acossados há um

85 *Folha de S.Paulo*, 15/1/2002.

ano por casos de corrupção, Alckmin até agora não foi atingido por denúncias", afirmava *Época*. "Eu vou dar um banho de ética nesta eleição", desafiava o candidato na revista *IstoÉ*. No domingo seguinte, a *Folha* circulou com a seguinte manchete: "Nossa Caixa Beneficia Aliados de Alckmin".[86] Por orientação do Palácio dos Bandeirantes, a Nossa Caixa direcionara recursos para políticos aliados na Assembléia Legislativa. A reportagem era uma ducha de água fria no banho de ética anunciado pelo tucano.

A apuração começara seis meses antes, quando o jornal foi informado de que havia uma sindicância sigilosa no banco. As duas agências de publicidade que atendiam a Nossa Caixa – Full Jazz Comunicação e Propaganda Ltda. e Colucci Propaganda Ltda. – haviam operado durante dois anos ilegalmente, sem a formalização de novo contrato e sem que houvesse licitação para contratação de novas agências. "Ajustes verbais" permitiram às agências Colucci e Full Jazz gastar R$ 45,4 milhões sem contrato. Em oito meses, na reeleição de Alckmin, foram consumidos R$ 28 milhões, verba publicitária do banco prevista para durar 18 meses.

As primeiras reportagens saíram no final de 2005. O Ministério Público estadual havia recebido uma denúncia anônima. O gerente de *marketing* da Nossa Caixa, Jaime de Castro Júnior, ex-auditor do banco, com 28 anos de casa, percebendo que a investigação interna caminhava para apontá-lo como bode expiatório, juntara ao processo administrativo um relatório revelando as pressões do Palácio dos Bandeirantes para que o banco direcionasse recursos de publicidade para veículos indicados por deputados da base aliada. Os primeiros textos não mencionavam nomes de parlamentares. Castro Júnior confirmou os fatos, mas recusou-se a conceder entrevistas. Não forneceu nenhum documento ao repórter. Entrevistei o então presidente da Nossa Caixa, Carlos Eduardo da Silva Monteiro. Ele não me permitiu consultar o processo, mas relatou algumas medidas tomadas ao saber das irregularidades.

Ao retornar de férias, no início de 2006, o promotor de Justiça da Cidadania Sérgio Turra Sobrane, responsável pelo caso da Nossa Caixa, autorizou-me a examinar a papelada. Durante

86 *Folha de S.Paulo*, 26/3/2006.

uma semana, folheei mais de vinte pastas na promotoria e obtive documentos para uma reportagem que abalou o início da campanha de Alckmin.

A matéria jornalística revelou que o Palácio dos Bandeirantes interferiu para beneficiar com anúncios e patrocínios os deputados estaduais Wagner Salustiano (PSDB), Geraldo "Bispo Gê" Tenuta (PTB), Afanázio Jazadji (PFL), Vaz de Lima (PSDB) e Edson Ferrarini (PTB). A cúpula palaciana pressionou o banco oficial para patrocinar eventos da Rede Vida e da Rede Aleluia de Rádio. Autorizou a veiculação de anúncios mensais na revista *Primeira Leitura*, identificada com os tucanos. De um total de 278 pagamentos, no valor de R$ 25 milhões, quando as duas agências operaram sem contrato, havia irregularidades em 255 operações (91,73%). O ex-gerente de *marketing* foi demitido sob a acusação de "mau procedimento", "desídia" e "indisciplina". O ex-presidente do banco Valdery Frota de Albuquerque também foi responsabilizado.

Por entender que a comissão de sindicância poupara outros envolvidos, inclusive o presidente do banco, Castro Júnior enviou à comissão de sindicância um relatório de 42 páginas revelando as pressões do Palácio dos Bandeirantes. "Houve atendimentos a solicitações de patrocínio e mídia, de deputados estaduais da base aliada, nas ocasiões de votação de projetos importantes para o governo do Estado", afirma Castro Júnior nessa peça. O ex-gerente explicitou: "Por ser um órgão do governo do Estado, a pressão de cunho político para liberação de anúncios, verbas para eventos e patrocínios sempre foi muito forte. Fosse através da Secretaria da Comunicação, diretamente por deputados, vereadores, secretarias de Estado, do gabinete do governador, para atendimentos de natureza política, para sustentação da base política do governo do Estado".

O esquema envolveu outras empresas do Estado. Consultadas, Sabesp, Prodesp, CDHU e Dersa não responderam questionário da *Folha*. "A Sabesp só prestou informações ao promotor do caso quando seu superintendente se viu ameaçado de processo por desobediência. A CDHU mentiu ao negar ter anunciado na revista de um deputado que cobrava preços superiores aos praticados pelo mercado".[87]

87 *Folha de S.Paulo*, 4/11/2006.

O direcionamento da publicidade pelo Palácio dos Bandeirantes foi confirmado com a divulgação de *e-mails* com as determinações para a veiculação de anúncios de interesse dos tucanos. Cópias dos *e-mails* foram reproduzidas na sindicância interna da Nossa Caixa e obtidas pela reportagem ao consultar o processo no Ministério Público. Essas autorizações para gastos com publicidade partiram do assessor especial de Comunicação do governo do Estado, jornalista Roger Ferreira. Ele atuou nas equipes de *marketing* das campanhas presidenciais de Fernando Henrique Cardoso e José Serra.

Foi chefe da Assessoria de Comunicação da Caixa Econômica Federal, na gestão de Valdery Frota de Albuquerque, que o levou para assessorá-lo na Nossa Caixa. Antes de trabalhar com Alckmin, Ferreira foi assessor da presidência da Nossa Caixa. Recebia salário superior ao do presidente do banco. Foi contratado e era pago pela Full Jazz, agência cujos serviços deveria controlar. Ele foi afastado do cargo, a pedido, no dia seguinte à publicação da reportagem da *Folha*.

"É absolutamente falso que os gastos em comunicação do governo do Estado de São Paulo obedeçam a quaisquer critérios que não sejam os técnicos", afirmara Roger Ferreira, ao ser procurado pela *Folha* dias antes da reportagem. Pura conversa. Os *e-mails* trocados entre o Palácio dos Bandeirantes, as agências de publicidade e a Nossa Caixa confirmam que não havia nenhum critério. A verba para os veículos dos parlamentares era definida antes da escolha do anúncio da Nossa Caixa. Os interlocutores não levavam a sério os pedidos oficiais, tratados sob o código de "Lixão".

Em setembro de 2004, o presidente da Contexto, Saint'Clair de Vasconcelos, comentou, em *e-mail* a Castro Júnior, a veiculação de anúncios da Nossa Caixa na revista *Primeira Leitura*, identificada com os tucanos: "Não tinha lido este *e-mail*. Já que temos que ter mais este LIXÃO [em caixa alta, no original], sugiro que você dê uma apertada neste pessoal, tipo uns 30/40 mil por mês, pois este din-din [dinheiro] vai fazer falta para nós em outras demandas. Enfim, um pedido do Roger é um pedido 'irrecusável'". De outubro de 2004 até julho de 2005, antes de serem suspensos os serviços da Full Jazz, *Primeira Leitura* circulou com anúncios de página dupla da Nossa Caixa.

Em linguagem coloquial, por exemplo, Saint'Clair recorreu a Castro Júnior, em agosto de 2004: "Outro abacaxi: preciso da sua ajuda para acalmar o deputado Afanázio Jazadji. Acertei com ele um montante que estou distribuindo entre os nossos parceiros. Você consegue programar uns oito mil nos programas que ele tem no Canal SP-TVA? Já aprovei nos setores competentes este assunto". Havia veiculações em valores acima do praticado pelo mercado. "Estamos efetuando os ajustes no plano de mídia encaminhado, incluindo verba para Rede Vida. O valor proposto por você é de R$ 200 mil. Porém, você sabe melhor que ninguém que este valor é absolutamente desproporcional em relação às outras emissoras", ponderou Castro Júnior a Saint'Clair. Outra mensagem do presidente da Contexto para Castro Júnior: "Preciso que você dobre a verba da Rede Vida Televisão agora em setembro, de R$ 49.470,00 para R$ 98.940,00. Pode veicular o filme que melhor lhe convier". O ex-gerente da Nossa Caixa reagiu: "Quase R$ 100 mil, para apenas 15 dias de programação, me parece muita coisa. Teríamos uma carga extremamente pesada na emissora".

O interesse dos tucanos fica claro no *e-mail* que Saint'Clair repassou à Nossa Caixa, em setembro de 2004. O *Diário*, de Barretos, havia alertado a Contexto para visita que o presidente do PSDB faria à região, lembrando que os veículos do grupo estariam "cobrindo essa visita". "Precisamos segurar esta batata quente" – Saint'Clair preveniu o banco – "porque estamos "costurando" uma solução para um problema local em Barretos, inclusive amanhã o [João] Monteiro Neto [da Rede Vida] vai receber lá o deputado [Antonio Carlos] Pannunzio [PSDB] e vai dar um grande espaço para o candidato a prefeito, o César [Antonio César Gontijo de Abreu, do PSDB], nos veículos dele".

Um *e-mail* de Roger Ferreira enviado a Castro Júnior, em setembro de 2004, confirma quem dava as cartas nessa área: "Jaime, favor atender as considerações do Saint'Clair. E lembre-se do orçamento de nossa campanha. É daquele número para cima". Essas mensagens eram apenas "uma pequena amostra das ingerências políticas" e "não representam nem de perto as pressões sofridas", afirmou o ex-gerente em seu relatório.

O então presidente da Nossa Caixa, Carlos Eduardo da Silva Monteiro, disse que não conseguia "ver direcionamento político na veiculação de anúncios de R$ 200 mil e poucos", diante dos R$ 18 milhões que o banco gastou em publicidade no período sob investigação. O deputado Afanázio Jazadji (PFL) confirmou o uso político da verba publicitária da Nossa Caixa. "É óbvio que o governo Alckmin orientava a publicidade", disse. Ele contou que o governo tucano cortou os anúncios em seu programa pouco antes da eleição do deputado Rodrigo Garcia (PFL), presidente da Assembléia Legislativa, como forma de retaliação, já que não votara em Edson Aparecido (PSDB). Era um tipo de uma chantagem: "Vota no meu candidato que eu libero verbas", disse Jazadji.

6

O primeiro alerta surgiu numa coluna dominical do então *ombudsman* da *Folha*, Marcelo Beraba, em dezembro de 2005. Ele registrava a forma acrítica como a imprensa tinha tratado o anúncio do "déficit zero" e do "choque de gestão" no governo do tucano Aécio Neves, em Minas Gerais, que virara "uma espécie de produto de exportação" do governo mineiro.[88] "O que impressiona é a abulia e a submissão da imprensa. [...] Não há o contraditório, não há o questionamento, não há a dúvida, não há a curiosidade para um aprofundamento do tema."

A *Folha* demorou a reagir à provocação de seu *ombudsman*. Talvez por isso tenha havido grande receptividade do jornal quando propus ir a Belo Horizonte tentar entender o "fenômeno" e avaliar se eram consistentes os ganhos alardeados no discurso do político mineiro.

Impressionou-me a omissão da imprensa mineira, a falta de qualquer reflexão ou questionamento sobre os êxitos anunciados pelo governo estadual. Conversei longamente com economistas, acadêmicos, ex-servidores do primeiro escalão de administrações anteriores, advogados, promotores. Li atentamente duas edições do *Minas Gerais*, o diário oficial do Estado, que tratavam das prestações de contas do governo Aécio em dois exercícios. Solicitei entrevista com o governador, não concedida.

Enviei longo questionário. Como achei insuficientes algumas respostas, voltei a Minas Gerais para uma entrevista com Antônio Augusto Anastasia, ex-secretário de Planejamento e Gestão, e com o secretário da Fazenda, Fuad Noman. A eles expus a minha impressão de que o governo "maquiara" suas contas. Suas respostas não me convenceram. Regressei prevendo que teríamos uma reportagem de impacto.

88 *Folha de S.Paulo*, 5/12/2004.

"Aécio Maquiou Gastos da Saúde em Minas" – essa foi a manchete da edição de domingo, 13 de agosto de 2006. Segundo a reportagem, o governo mineiro havia feito "maquiagem contábil nas prestações de contas de 2003 e 2004, para esconder a não-aplicação de recursos em serviços de saúde nos percentuais determinados pela Constituição". Minas Gerais registrava no início de 2004 um déficit acumulado de R$ 1 bilhão nas políticas públicas de saúde, segundo o Ministério Público Federal. A inadimplência do Estado com a saúde vinha desde 2000. "O governo mineiro contabilizou como gastos em serviços de saúde para a população despesas com a erradicação da febre aftosa e outras doenças de animais. Incluiu exposições agropecuárias; precatórios; saneamento (cujos serviços são tarifados); construção de praças e até a locação de serviços de limpeza para o hotel de Araxá".

Em 2004, o Ministério Público Federal moveu ação civil pública, pedindo que a União condicionasse a entrega de R$ 376,2 milhões a Minas à aplicação em ações e serviços públicos de saúde. Esses valores correspondem ao que o governo teria que destinar à saúde, para obedecer ao mínimo imposto pela Constituição (12% das receitas vinculadas em 2004). "A verdade crua é que Minas Gerais tornou-se um contumaz sonegador de recursos à saúde, fato, aliás, reconhecido pelo próprio Tribunal de Contas do Estado", sustenta o MPF nos autos da ação civil pública.

Em novembro de 2004, a SMPB, agência de Marcos Valério de Souza, operador do mensalão, fez ampla campanha publicitária sobre o "déficit zero". O governo concentrou a publicidade no equilíbrio fiscal. Ou seja, aumentou as receitas sem elevar a carga tributária e conteve as despesas. Para os críticos, a campanha teria transmitido a idéia de que a gestão Aécio Neves eliminou todas as dívidas, o que não ocorreu.

Fabrício Augusto de Oliveira, secretário adjunto da Fazenda do governo Itamar Franco (MG), diz que "continuam deficitárias as contas do Estado" e "irresolvido o problema de sua dívida, a qual tem se mantido numa trajetória de crescimento". "Não passa de enganosa operação de *marketing* o déficit zero anunciado", sustentou o jornalista mineiro José Maria Rabêlo, vinculado ao PDT. "Nem sempre a mentira tem pernas curtas. As desse engodo do déficit zero de Aécio, irrigada por milhões de reais em publicidade, são longas, muito longas. Ultrapassaram os limites de Minas e através dos jornais, rádios e televisões nacionais, chegaram às mais diferentes partes do país. Nos últimos dias nem as Casas Bahia gastaram tanto com propaganda." Esse trecho, em artigo de Rabêlo, confirma que há jornalistas muito céticos. Embora o autor resida em Belo Horizonte, essa peça foi publicada num jornal alternativo no Rio de Janeiro, *A Notícia Como Ela É*.

"A imprensa mineira é totalmente favorável ao governador Aécio Neves. Nunca li ou ouvi nenhuma crítica, nenhuma matéria investigativa, nenhuma denúncia na área da saúde, fazenda, arrecadação ou educação", disse o então presidente do sindicato mineiro dos jornalistas, Aloísio Lopes. Em 2004, o sindicato pediu ao Ministério Público Federal a apuração de suposta interferência do governo estadual em veículos de comunicação, atribuindo o afastamento de alguns jornalistas a pedido da jornalista Andrea Neves, irmã do governador e então coordenadora do Grupo Técnico de Comunicação do Governo. O jornal *Pauta*, do sindicato, divulgou desmentido da jornalista: "O governo de Minas jamais pediu a cabeça de qualquer jornalista e nunca interferiu na linha editorial dos veículos de comunicação social do Estado". Esse episódio e as demissões de outros jornalistas, atribuídas a críticas que fizeram ao governo Aécio, foram tema do documentário em vídeo *Liberdade, Essa Palavra*, projeto final do curso de jornalismo da UFMG defendido por Marcelo Baêta.

O "choque de gestão", a reforma administrativa do Estado, foi patrocinado por grandes empresas contribuintes da campanha de Aécio Neves com interesses em Minas Gerais: Gerdau, Votorantim, Vale e Companhia Brasileira de Metalurgia e Mineração (grupo Moreira Salles). Elas declararam contribuições ao candidato tucano no total de R$ 3 milhões nas eleições de 2002. Essas companhias – e a Fundação Brava, que tem sede no paraíso fiscal de Delaware, nos Estados Unidos – pagaram R$ 4 milhões ao Instituto de Desenvolvimento Gerencial (IDG) para desenvolver a reforma. O IDG é mantido por Vicente Falconi, engenheiro e professor emérito da UFMG, um *expert* em aplicação de métodos gerenciais e processos de controle de qualidade em empresas privadas e órgãos públicos. A Fundação Brava é registrada nos Estados Unidos em nome de Carlos Alberto da Veiga Sicupira, conselheiro da Ambev (bebidas). Falconi também é conselheiro da Ambev. Apesar de terem sustentado o trabalho do IDG, a Fundação Brava e as empresas patrocinadoras não são mencionadas no livro *O Choque de Gestão em Minas Gerais*, editado pela Universidade Federal de Minas Gerais e Secretaria de Planejamento e Gestão.

Em agosto de 2003, Aécio firmou convênio com a Fundação Brava e com o IDG. Na ocasião, o Sindicato dos Fiscais e Agentes Fiscais de Tributos do Estado de Minas Gerais (Sindifisco) pediu ao Ministério Público estadual investigação para apurar se houve licitação para a contratação do IDG e se era lícito a Secretaria da Fazenda "franquear amplamente" informações privilegiadas e sigilosas àquele instituto privado. O governo foi obrigado a alterar o convênio. Foi vedado ao Estado "disponibilizar à Fundação Brava ou ao IDG quaisquer informações que sejam legalmente sigilosas, confidenciais ou de natureza privada".

A reportagem abriu amplo espaço para o contraditório. "O governo Aécio Neves implantou o 'choque de gestão' para domar a mais grave crise financeira e fiscal da história do Estado", afirmou Antônio Augusto Anastasia. "O regime de absoluta austeridade permitiu que, de um déficit público orçamentário de R$ 2,4 bilhões em 2003, o Estado alcançasse o déficit zero em 2004 e ficasse superavitário em 2005. Minas Gerais recuperou o aval da União, o crédito internacional e a capacidade de investimentos", disse. "O governo teve suas contas aprovadas, sem nenhuma única ressalva pelo Tribunal de Contas do Estado, em todos os exercícios financeiros de sua gestão, inclusive quanto às despesas executadas na área de saúde."

Anastasia contestou ter havido maquiagem nas despesas com saúde: "A questão sanitária envolve a saúde pública. Não há regulamentação federal sobre a questão, o que transforma a instrução do TCE em norma maior vigente", disse. Para o secretário da Fazenda, Fuad Noman, "é absolutamente improcedente a informação de que teria havido redução nos investimentos nas áreas sociais". Anastasia disse que as empresas que patrocinaram o "choque de gestão" também "contribuíram para campanhas de políticos de diferentes partidos e Estados, o que é permitido por lei". Vicente Falconi disse que "quando aparece um político como o Aécio Neves, querendo fazer um trabalho sério para melhorar a gestão do Estado, todos querem participar e ajudar".

Publicada em plena campanha de reeleição, a reportagem irritou o governador tucano, pouco acostumado a ler ou ouvir críticas. Sua assessoria enviou ao jornal uma longa lista de supostos erros na reportagem. Rebati internamente as contestações. Havia apenas uma incorreção, repetida num segundo texto dois dias depois: o governo não havia contabilizado como gastos de saúde despesas na construção de praças. Foi feita correção na seção "Erramos", da pág. 3.[89]

Por considerar insuficiente aquela correção, a Direção da Redação pediu-me para registrar o erro em texto, com o que concordei. A correção mais destacada foi publicada com explicação sobre a origem do erro: "O governo Aécio Neves não contabilizou como gastos em saúde, na prestação de contas de 2003, despesas com praças públicas, como informou a *Folha* nas edições de domingo, dia 13, e de terça-feira, dia 15. A informação, único item da reportagem a ser retificado, baseou-se em voto do conselheiro Sylo Costa, do Tribunal de Contas do Estado, que considerou 'um engodo' misturar saneamento público com a verba da saúde, com limites mínimos fixados na Constituição". Foi publicado com destaque que "o dinheiro foi empregado na construção de poços e no uso de caminhões-pipa".[90]

A reportagem que revelou a maquiagem foi reproduzida em todo o Estado por meio de blogs e foi transcrita em *e-mails*. Desacostumados a lerem críticas ao governo estadual, muitos mineiros tomaram conhecimento do texto pela internet. Soube que a reportagem motivou pronunciamentos de vereadores em Câmaras no interior. Como não seria de surpreender, a coligação do candidato da oposição reproduziu as reportagens no horário eleitoral. Alertado por um jornalista de que a coligação "Minas não pode parar", que apoiava Aécio Neves, oferecera recursos contra essa transcrição na propaganda eleitoral da coligação "A Força do Povo", passei a acompanhar os julgamentos pelo *site* do Tribunal Regional Eleitoral de Minas Gerais.

A partir das notas taquigráficas, ainda sem correção, da seção de 11 de setembro de 2006, ocorrida exatamente às 16h10, a *Folha*

89 *Folha de S.Paulo*, 17/8/2006.
90 *Folha de S.Paulo*, 21/8/2006.

publicou reportagem sob o título "TRE Nega Direito de Resposta a Aécio Sobre Maquiagem de Gasto Com Saúde" e subtítulo "Campanha de Governador de MG Tentou Barrar Exibição de Reportagem da *Folha*".[91] O texto informava que "o Tribunal Regional Eleitoral de Minas Gerais rejeitou quatro pedidos da coligação 'Minas não pode parar', que pretendia obter direito de resposta e a suspensão da propaganda eleitoral sobre a maquiagem dos gastos de saúde pública no governo Aécio Neves". O texto reproduzia trecho do voto do procurador eleitoral José Jairo Gomes: "Houve um maquiamento escandaloso do dinheiro que deveria ter ido para a saúde e não foi". Gomes afirmou que todos os auditores do Tribunal de Contas repudiaram esse "maquiamento de recursos, porque, na prestação de contas do governo, foram incluídos como gastos de saúde até aqueles feitos por um órgão que cuida de animais, despesas com meio ambiente e saneamento básico".

O juiz Antônio Romanelli concordou com o procurador. Disse que o relatório do governo havia sido "mascarado" e que a decisão do tribunal de contas "foi tomada ao arrepio da opinião técnica, unânime, de todos os auditores do tribunal". Romanelli disse que "foi uma decisão política".

O "Painel do Leitor", na página 3 da *Folha*, publicou em agosto de 2006 carta do leitor Túlio Vargas, de Itajubá (MG): "A *Folha* encarou Aécio Neves. Duas páginas contando suas falcatruas. Enfim algum veículo de comunicação consegue romper o controle do governador. Não por acaso, um jornal de fora de Minas Gerais, pois aqui todos são chapa-branca".[92]

91 *Folha de S.Paulo*, 27/9/2006.
92 *Folha de S.Paulo*, 15/8/2006.

parte 3
INVESTIGANDO TRIBUNAIS

1

"O excelso pretório, ou augusto sodalício, reuniu-se para analisar a exordial oferecida pelo *parquet*." Foi assim que redigi, de forma irônica, a notícia sobre a sessão do Supremo Tribunal Federal que recebeu a denúncia do mensalão, em agosto de 2007.[93] Foi uma forma de mostrar como os fatos do Judiciário seriam incompreensíveis para o leitor comum se as redações mantivessem sem tradução o "juridiquês", a linguagem usual entre juízes, promotores e advogados.

O fato de os jornalistas não dominarem os termos jurídicos é apontado como um dos motivos para explicar por que a imprensa não aprofunda as investigações sobre o Judiciário. O linguajar dos operadores do Direito afasta o cidadão da Justiça, mas a imprensa fica distante do que se passa nos tribunais por outros motivos.

A cobertura sistemática do Judiciário requer do repórter algumas práticas comuns nos escritórios de advocacia. É preciso seguir a tramitação dos processos, rastrear os vários recursos. Os jornalistas são criticados por terem memória curta e não darem seqüência aos casos que levantam. Para acompanhar os desdobramentos de processos, o jornalista pode ser informado por meio do sistema *push*. Cadastrando-se no *site* do STF ou do STJ, por exemplo, o interessado recebe por *e-mail* uma mensagem a cada novo passo dos processos em tramitação.

O funcionamento do Judiciário não tem sido prioridade da mídia. Ela não fiscaliza esse poder com a mesma disposição demonstrada ao examinar os fatos do Executivo e do Legislativo. A imunidade dos parlamentares facilita declarações de impacto e denúncias que rendem manchetes. O Executivo está mais exposto à mídia. Em geral, o Judiciário só merece destaque quando absolve ou condena figuras notórias. Ou, mais recentemente, quando magistrados estão sob investigação.

93 *Folha de S.Paulo*, 23/8/2007.

O receio de ações de indenização explica em boa parte a timidez da imprensa. Os tribunais têm sido rígidos nas ações por danos morais. Os juízes costumam ser mais rigorosos ao decidir em ações movidas por magistrados contra a imprensa. Com isso, o Judiciário é um poder mal fiscalizado pela sociedade.

Aparentemente, a imprensa ainda não se conscientizou de que os juízes são agentes públicos, sujeitos a prestar contas de seus atos. Muitos magistrados têm a compreensão dessa circunstância e são mais abertos nos contatos com jornalistas. Mas a sociedade desconhece, por exemplo, as disputas de poder nos tribunais. Outro efeito dessa distância é que as dificuldades e angústias dos magistrados diante das condições de trabalho são temas pouco abordados pelos jornais e revistas. A imprensa não trata desse poder com naturalidade.

No final dos anos 90, a *Folha* tomou a iniciativa de colocar a corrupção no Judiciário como prioridade na pauta da reportagem. O ponto de partida foi uma investigação sobre as suspeitas de enriquecimento ilícito de dois juízes do Tribunal Regional Federal da 3ª Região, em São Paulo (eles indevidamente se autodenominam "desembargadores federais", título usado na época pelo jornal). Nos anos seguintes, outras publicações perceberam a importância do tema. *O Globo*, por exemplo, receberia, anos depois, o Prêmio Esso de Jornalismo com reportagens sobre vendas de sentenças judiciais.

Quando o jornal elegeu o Judiciário como uma das áreas de interesse da reportagem, minha proposta era mais ambiciosa: mostrar como a Justiça resolve internamente suas mazelas. Diante da dificuldade na obtenção de provas nos casos de aposentadoria antecipada a juízes flagrados em irregularidades, pois os denunciantes temem represálias, mudou-se o foco da reportagem.[94]

Em 1999, a *Folha* revelou que dois magistrados do TRF-3 ostentam riqueza que contrasta com o padrão comum dos juízes brasileiros.[95] O desembargador federal (na época o jornal manteve essa denominação) Paulo Theotonio Costa e sua mulher, procuradora do Estado, eram proprietários de um conjunto

94 A origem e os desdobramentos dessa apuração estão narrados no livro *Juízes no Banco dos Réus* (Publifolha, 2004).
95 *Folha de S.Paulo*, 11/7/1999.

residencial de sete prédios em Campo Grande (MS). Na época, o casal morava num edifício de alto padrão em São Bernardo do Campo (SP), possuía imóveis na capital, fazenda em MS, casa de praia e terreno em condomínio no Guarujá (SP).

O conjunto residencial "Morada dos Pássaros" foi financiado pelo HSBC, instituição que adquiriu o controle do antigo Bamerindus. O desembargador foi denunciado pelo Ministério Público Federal sob a acusação de receber R$ 1 milhão por decisão proferida em 1996, aparentemente para favorecer aquele banco.

O desembargador Roberto Haddad e sua mulher, uma advogada, possuíam na época da reportagem 33 veículos cadastrados em seus nomes. Essa frota particular incluía três automóveis Mercedes-Benz, dois BMW, uma caminhonete Mitsubishi e vários utilitários. O juiz também era proprietário de uma superlancha. Colecionava carros antigos, guardados na propriedade rural: um sítio formado a partir da aquisição sucessiva de oito chácaras nos dois anos anteriores à reportagem.

Nessas investigações foram usados apenas documentos públicos. Aos poucos, as informações foram checadas sem a citação dos nomes dos magistrados durante a apuração. A primeira pesquisa foi feita em listas telefônicas na internet. Constatou-se que Haddad e sua mulher possuíam em seus nomes vários telefones em três localidades diferentes (na capital, na zona rural e na praia). Foi o ponto de partida para uma pesquisa em cartórios de registros públicos de compra e de venda de imóveis.

Com relação aos bens de Theotonio Costa, circulava um dossiê anônimo com informações sobre uma fazenda no Mato Grosso do Sul. Por cautela, o jornal só publicou informações a partir de registros levantados em cartórios. Os valores foram estimados por corretores, colecionadores de veículos, preservando-se os nomes dos proprietários.

Publicada a reportagem, o Superior Tribunal de Justiça instaurou inquérito criminal para apurar eventual enriquecimento ilícito dos dois magistrados. Investigações na esfera administrativa levaram o MPF a denunciar Haddad sob acusação de falsificar documentos do imposto de renda, com o suposto objetivo de ocultar a suspeita de enriquecimento ilícito.

Theotonio Costa e Roberto Haddad ofereceram sucessivos recursos ao STJ. Em 2003, Haddad impetrou *habeas corpus* no Supremo, distribuído ao ministro Gilmar Mendes, conseguindo suspender seu interrogatório. A demora do relator em levar o pedido a julgamento gerou manifestações de inconformismo do MPF.

Acompanhando periodicamente o andamento desse caso, percebi que o *habeas corpus* havia sido remetido indevidamente à seção de baixa de processos antes de ser julgado. Alertei o gabinete do ministro e a correção foi feita em 26 de setembro de 2003. A falha poderia postergar ainda mais um caso que se arrastava desde 1999.

Em maio de 2004, a segunda turma, por maioria, indeferiu o pedido de Haddad. O relator Gilmar Mendes foi voto vencido. Os advogados de Haddad entraram com novo recurso, redistribuído para Gilmar Mendes. Ele havia sido voto vencido em apelação anterior e, no entender do MPF, não poderia relatar o novo pedido. Em dezembro de 2006, a turma, agora com nova composição, acolheu o recurso e deferiu a solicitação. Com esse julgamento, foi trancado o inquérito no STJ e Haddad reassumiu o cargo de juiz do TRF-3 no final de 2006, mesmo tendo o MPF oferecido recursos para tentar reverter a decisão do Supremo.

Em 2007, o juiz voltaria ao noticiário. A Polícia Federal fez operação de busca e apreensão no gabinete e na residência de Haddad e de outros dois desembargadores. Eles estavam entre os 43 investigados pela Operação Têmis, suspeitos de negociar sentenças.

Theotonio Costa e Haddad moveram, cada um, ação de indenização contra a *Folha*. Theotonio foi representado pelo advogado José Rubens Machado de Campos. Haddad, por Manuel Alceu Affonso Ferreira. A defesa da *Folha* coube à advogada Taís Gasparian. O juiz Caio Marcelo Mendes de Oliveira julgou improcedente a ação movida por Theotonio. Entendeu que o jornal "exerceu somente direito constitucionalmente assegurado de informação [...] Pelo que se vê da prova produzida, realmente o autor tem patrimônio privilegiado, que, não há [como] negar, não é o comum do magistrado do país [...] Nos autos, consta prova documental convincente sobre ter o autor patrimônio considerável, que não é o ordinário do magistrado brasileiro, recrutado normalmente das classes média e média baixa", afirmou o juiz Oliveira. Theotonio Costa ofereceu apelação no Tribunal de Justiça, não julgada até a edição deste livro.

Haddad obteve decisão favorável em primeira instância. O juiz Paulo Alcides Amaral Salles considerou que não havia necessidade de outras provas e antecipou sua decisão, condenando o jornal a pagar 1.500 salários mínimos e a publicar a sentença com chamada na primeira página. A *Folha* alegou cerceamento de defesa. Salles havia autorizado produção de prova oral e documental.

No dia 19 de setembro de 2007, por unanimidade, a 8ª Câmara de Direito Privado do Tribunal de Justiça de São Paulo reformou a sentença de Salles. O relator, desembargador Fábio Henrique Podestá, foi acompanhado pelos magistrados José Antônio Siqueira Nunes e Lucília Alcione Prata. O voto do desembargador Podestá reconhece a importância da liberdade de imprensa. "A divulgação de fatos relacionados com a atuação do Poder Público tem redobrada importância em um regime republicano e democrático", afirmou.

"Não bastasse esse contexto, há outro que não se pode ignorar que também diz respeito não propriamente ao interesse público do conteúdo da notícia, mas na importância no próprio instrumento em si, isto é, na própria liberdade", manifestou Podestá. "Não é por outro motivo que a imprensa desempenha importante papel no sistema democrático, revelando fatos, incentivando polêmicas, estimulando críticas e, especialmente, exercendo uma espécie de policiamento sobre a conduta de autoridades públicas."

"Divulgar que o apelado (Haddad) ostenta 'sinais de riqueza', 'estilo milionário', tem um 'supersítio' ou, enfim, patrimônio considerável não representa qualquer violação da imagem de um magistrado", prosseguiu o desembargador. "Não é comum um juiz possuir uma coleção de carros, um apartamento avaliado em cerca de R$ 900 mil, um iate, e tudo mais que vem documentado", entendeu o relator, que não viu "motivação legal para justificar a reparação pretendida" por Haddad.

2

Praticamente até o final dos anos 90 o Judiciário brasileiro esteve intocável e suas irregularidades permaneceram longe da opinião pública. A Comissão Parlamentar de Inquérito do Judiciário proposta pelo senador Antonio Carlos Magalhães (então PFL-BA) foi uma iniciativa com nítidos interesses políticos. Arranhou apenas uma face desse Poder, recolhendo denúncias sobre irregularidades na Justiça do Trabalho.

"Quando o assunto são processos judiciais de grande repercussão, parece que só interessa a boa parte da imprensa o escândalo que representam", afirmou a procuradora regional da República Ana Lúcia Amaral, em artigo publicado no *Observatório da Imprensa*, em 2001.[96] O inconformismo da procuradora era motivado pelo desinteresse da mídia em relação a um caso emblemático.

Num jogo de empurra envolvendo sucessivas administrações do TRF-3, a União estava prestes a desembolsar uma fortuna na desapropriação de um velho pardieiro ocupado pelo tribunal federal no centro velho de São Paulo. O tribunal acolhera laudo de um perito que se apresentava à Justiça como engenheiro, Antônio Carlos Suplicy. Ele apresentara dois diplomas falsos, para atuar como perito judicial. O imóvel valeria 10% do apontado no laudo de Suplicy. Em 2001, a União tinha sido obrigada a depositar em juízo quase o valor integral da desapropriação: R$ 210 milhões. Um ano depois, a imprensa não registrou com o destaque merecido que a União conseguira recuperar R$ 114 milhões, graças a um acordo extrajudicial conseguido por persistência daquela procuradora.

O episódio da construção do Fórum Trabalhista de São Paulo, quando foram desviados R$ 169,5 milhões, levou à prisão o juiz aposentado Nicolau dos Santos Neto. "Lalau" até então era um magistrado desconhecido. Só ganhou evidência porque as investi-

96 "Por Que a Imprensa Não se Interessa Pelo Poder Judiciário", 14/11/2001.

gações do MPF buscaram, sem êxito, atingir Eduardo Jorge Caldas Pereira, que foi secretário-geral da Presidência da República no primeiro governo do tucano Fernando Henrique Cardoso. Procurava-se demonstrar que houve interferência de Eduardo Jorge na liberação de recursos para a obra e que o secretário-geral poderia ter se beneficiado com o desvio de dinheiro público.[97]

Apesar de toda a evidência do escândalo do TRT paulista, o poder público trabalhou em silêncio ao tentar recuperar bens do juiz "Lalau" nos Estados Unidos. Identifiquei uma resolução cifrada no *Diário Oficial da União*, na edição do dia 27 de dezembro de 2001, informando apenas que o então presidente do Conselho Nacional de Desestatização, Sérgio Amaral, autorizava a Secretaria do Patrimônio da União, órgão do Ministério do Planejamento, a "promover a alienação de um imóvel residencial localizado no Condomínio Bristol Tower, unidade 3201, Avenida Brickel, número 2127, Miami-Dade, Flórida, Estados Unidos da América". Nenhuma referência ao caso do TRT. A resolução não identificava o imóvel como sendo o do juiz aposentado. Associei o registro ao caso do TRT porque me lembrei do nome do condomínio, em Miami, mencionado em reportagens anteriores.[98]

Enquanto o Judiciário brasileiro permitiu a interposição de recursos pelos advogados de Lalau nos tribunais superiores, o que prolongou a demanda judicial, a Justiça norte-americana decidiu o caso em menos de um ano, em primeira instância, o que permitiu a rápida alienação do apartamento de Lalau em Miami.

O caso do Fórum Trabalhista de São Paulo chamou a atenção para uma prática comum no Judiciário: as construções de mega-sedes, em processos cercados de muita suspeição. Graças à liberalidade do Tribunal de Contas da União, demorou para que fosse pedido na Justiça o ressarcimento do superfaturamento na construção da monumental sede do Superior Tribunal de Justiça (STJ), em Brasília.[99]

Sob a alegação de que era preciso ampliar o projeto original para instalar gabinetes para até 60 ministros, o projeto do

97 Os fatos encontram-se detalhados no livro *Juízes no Banco dos Réus* (ver nota 94).
98 *Folha de S.Paulo*, 6/1/2002.
99 *Folha de S.Paulo*, 13/2/2006.

STJ teve os custos multiplicados ainda durante as obras. Foi erguido um novo bloco, mas o tribunal até hoje opera com 33 ministros, o mesmo número de juízes existente quando inaugurado, em 1995.

O superfaturamento foi apontado por auditoria do TCU. Em controvertido julgamento, o plenário, contudo, por maioria, considerou regular a licitação da obra. Foi feito o pagamento antecipado de preços abusivos. Sem licitação, a Construtora OAS foi contratada para comprar e instalar elevadores, passarelas, poltronas, material de decoração e até sistemas de exaustão de cozinha.

Os ministros do TCU acolheram parecer do advogado Adilson Dallari, oferecido pela OAS. Ao justificar a conclusão das obras, Dallari afirmou que não se tratava de uma construção de "simplicidade franciscana", mas de um "projeto arquitetônico arrojado e majestático", de autoria do arquiteto Oscar Niemeyer. Dallari não questionou a falta de projeto básico, como manda a lei. Alegou que é assim que trabalha o mestre Niemeyer. O TCU também aceitou um laudo técnico com planilha de preços elaborada por empresa de consultoria contratada pela OAS.

O pouco cuidado com a coisa pública pode ser conferido com a Decisão 753/1966, disponível no site do TCU. Essa decisão dos ministros do TCU "teve a finalidade de evitar grande constrangimento ao Judiciário", opinaram os procuradores da República José Alfredo de Paula Silva e Raquel Branquinho, na ação civil pública ajuizada em 2006 para tentar o ressarcimento de R$ 75 milhões, valor atualizado até então do superfaturamento.

Em 2005, quando a nova sede do STJ completou dez anos, propus ao jornal fazer uma reportagem sobre o funcionamento do maior tribunal do país.[100] Obtive autorização do então presidente da Corte, ministro Edson Vidigal, para conhecer todas as dependências do tribunal, com exceção dos gabinetes dos ministros, cujo acesso dependeria da autorização de cada um. Grandes espaços nas áreas de circulação e nos auditórios contrastavam com as instalações estreitas, anexas aos gabinetes, insuficientes para acomodar servidores, estagiários e funcionários terceirizados. Em alguns andares, móveis e arquivos estavam empilhados nos corredores. Levando à

100 *Folha de S.Paulo*, 2/1/2005.

prática o conceito equivocado de que juízes devem ficar distante dos jurisdicionados, os ministros dispõem de elevadores privativos para levá-los diretamente da garagem aos gabinetes.

Na época, quem visitasse o nono andar do STJ poderia confundir o último pavimento com um clube social. Ali havia uma academia de ginástica e uma seção completa de fisioterapia. No térreo, funcionava um salão de beleza. Uma clínica de estética oferecia massagens e drenagem linfática. Um restaurante para 120 pessoas, com ampla cozinha e grande churrasqueira, parecia abandonado. Não era usado pelo funcionalismo. Era privativo para os ministros, e, pelo que informaram na ocasião, usado apenas em eventos sociais. Os elevadores privativos não comportariam o tráfego de muitas pessoas. Em 2007, o STJ ainda estava às voltas com cuidados para definir como iria construir um novo prédio para abrigar um restaurante. O presidente do tribunal, ministro Raphael de Barros Monteiro Filho, firmou convênio com a presidente da Caixa Econômica Federal, Maria Fernanda Ramos Coelho, para "viabilizar condições financeiras e logísticas adequadas para a construção do restaurante do STJ".

Em 2001, talvez escaldado com a fraude do Fórum Trabalhista de São Paulo e pretendendo afastar o risco de repetição de irregularidades no Tribunal Superior do Trabalho (TST), o então presidente do tribunal, ex-ministro do Trabalho Almir Pazzianotto, contratou o Banco do Brasil para gerenciar e fiscalizar a construção da nova sede, em Brasília. "Lidamos com processos, com normas jurídicas, não com obras", disse Pazzianotto.[101]

Pazzianotto vinha sofrendo pressões para fazer mudanças no projeto inicial, sob o argumento de dificuldades que poderiam comprometer a segurança da edificação. Alterações no projeto são uma das formas para ampliar o valor contratado. Pazzianotto disse que as alterações na construção do STJ foram usadas pela OAS como justificativa de que não haveria problemas se o TST fizesse o mesmo.

Houve atrasos de pagamentos e "divergências" no projeto do arquiteto Oscar Niemeyer, segundo o TST. Meses depois de uma rescisão amigável, a empreiteira OAS ganhou nova licitação para

101 *Folha de S.Paulo*, 3/6/2001.

concluir a obra, inicialmente estimada em R$ 106,7 milhões. Houve várias paralisações. No final, a sede custou quase o dobro: R$ 202,9 milhões, do projeto à conclusão. Os contratos para elaboração de projetos com o escritório de Niemeyer não foram questionados pela Procuradoria e pelo TCU. A construtora baiana não quis comentar o fato. Como fez em outros casos, manteve o silêncio.

Em novembro de 2006, a *Folha* revelou que o Tribunal de Contas da União determinara alterações no processo de escolha de empresa para construir a nova sede do Tribunal Superior Eleitoral, em Brasília, estimada em R$ 340 milhões. O TCU pretendia evitar a repetição de "irregularidade grave" e vícios detectados em outras obras públicas de grande porte.[102]

Em outubro de 2007, a nova sede do TSE voltaria ao noticiário. O Ministério Público Federal pedira a suspensão das obras e a anulação da licitação do TSE. Havia suspeitas de superfaturamento e gastos excessivos, entre outras irregularidades, nas obras do TSE, cujo contrato havia sido ganho pelo consórcio OAS/Via Engenharia.

Naquela ocasião, outras obras também estavam na mira do MPF. Reuni os fatos numa única reportagem: "O Judiciário vai gastar R$ 1,2 bilhão na construção de três suntuosas sedes de tribunais com suspeitas de desperdício de dinheiro público, direcionamento de licitações e superfaturamento. Os custos estimados pelos tribunais poderão aumentar até o final das obras".[103]

O Tribunal Regional Federal da 1ª Região, em Brasília, estava na berlinda, com o projeto de sua nova sede, uma obra de R$ 489,8 milhões com área total de construção maior do que a do STJ. Pelo projeto, o presidente do TRF-1 e seus assessores ocupariam um gabinete de 650 m², quatro vezes maior do que o do presidente Luiz Inácio Lula da Silva. A título de comparação: enquanto os ministros do STJ tiveram a área de cada gabinete duplicada, medindo cerca de 280 m², o projeto do TRF-1 previa que seus desembargadores ganhariam gabinetes mais amplos: 350 m². O TRF-1 alegou que, "por se tratar de concorrência na modalidade de menor preço, a expectativa era de que o custo final apresenta-

102 *Folha de S.Paulo*, 15/11/2006.
103 *Folha de S. Paulo*, 22/10/2007.

do pela empresa vencedora fosse menor do que o estimado pelo tribunal". No caso do TSE, contudo, segundo informou o TCU, "o pequeno número de participantes ensejou que se classificasse em primeiro lugar proposta apenas 0,61% inferior à estimativa do custo global da obra".

Dias depois, o TRF-1 recuaria, revogando o edital da construção da nova sede, sob a alegação de permitir um maior número de concorrentes e obter "proposta mais vantajosa, com o menor preço".[104] Coincidência ou não, a decisão foi anunciada no mesmo dia em que a *Folha* revelou que o Judiciário iria gastar R$ 1,2 bilhão com as três novas mega-sedes. O tribunal informou que sua presidente, Assusete Magalhães, teria se convencido – num final de semana – de que "algumas exigências legais tornaram a concorrência restritiva". O TRF-1 abriu nova licitação. Não mudou o projeto. O tribunal informou ainda que fizera "algumas modificações no edital", reduzindo em apenas R$ 3,8 milhões o custo de uma obra estimada em quase meio bilhão de reais.

O consórcio OAS/Via Engenharia, cuja obra do Tribunal Superior Eleitoral havia sido alvo de ação pública pelo Ministério Público Federal por suspeita de irregularidades, tinha participado da primeira licitação do TRF-1. Disputara, nessa fase, com a empreiteira Planova e o consórcio Paulo Octavio/Principal. Esse certame foi impugnado pela Construcap, o que levou o tribunal a revogar o edital, sob a alegação de permitir um maior número de concorrentes e obter "proposta mais vantajosa, com o menor preço". Reaberta a concorrência, a OAS e a Via Engenharia associaram-se à empreiteira Camargo Corrêa e ganharam a licitação oferecendo proposta de R$ 479,9 milhões.

Naquela mesma época, o Tribunal de Justiça de Minas Gerais estava às voltas com outra controvertida licitação para a construção de uma nova sede milionária, calculada em R$ 364 milhões. A comissão de licitação formada por desembargadores renunciara depois de apontar ilegalidades no edital. O Ministério Público havia instaurado inquérito civil para apurar eventual improbidade na licitação.[105]

104 *Folha de S.Paulo*, 26/10/2007.
105 *Folha de S.Paulo*, 8/7/2007.

Pedi ao tribunal mineiro cópias das atas das reuniões da comissão de licitação. Fato incomum, as cinco empreiteiras que apresentaram propostas foram inabilitadas. A concorrência foi parcialmente anulada pela própria comissão de licitação, que encontrou ilegalidades no edital. Oito dias depois, o presidente do tribunal, Orlando Adão Carvalho, determinou a validação do edital. A comissão de desembargadores renunciou. Foi constituída outra comissão, com a participação de funcionários do tribunal.[106]

Quatro meses depois, a presidência do tribunal mineiro divulgou o cancelamento da licitação e determinou estudos para a elaboração de novo edital, anunciando a disposição de receber sugestões de sindicatos da indústria da construção.[107]

106 *Folha de S.Paulo*, 21/7/2007.
107 *Folha de S.Paulo*, 3/11/2007.

3

A cada administração, os tribunais modificam o tipo de relacionamento com a imprensa. Em 2005, por exemplo, o Tribunal de Justiça de Minas Gerais não prestara nenhuma informação oficial sobre a resistência ao controle externo do Judiciário. Quando o Conselho Nacional da Justiça (CNJ) expediu resolução para combater o nepotismo, a magistratura estadual mineira se articulou para tentar esvaziar a medida.

A Associação Nacional dos Magistrados Estaduais (Anamages), uma entidade nova, presidida pelo desembargador Elpídio Donizetti Nunes, do TJ de Minas Gerais, entrou com uma "Adin" (ação direta de inconstitucionalidade) no STF contra a ação antinepotismo. Alegou sem sucesso que o CNJ "não pode legislar sobre a administração dos tribunais". O Supremo rejeitou essa ação e entendeu que a associação presidida por Nunes não tinha legitimidade. A *Folha* revelou que o tribunal empregava a mulher e a sogra do desembargador Nunes.[108]

Por telefone, Nunes disse-me que não havia nenhum constrangimento em ter parentes no Judiciário e, ao mesmo tempo, mover uma ação contra a resolução antinepotismo: "Minha mulher é concursada", afirmou. A mulher do desembargador não ia diariamente ao tribunal. "Ela trabalha em casa e no tribunal. Eu também trabalho muito em casa", alegou Nunes. Sua mulher prestara concurso para o cargo de escrevente. Posteriormente, foi nomeada assessora no gabinete de outro desembargador, com vencimentos mais elevados. Trata-se do "nepotismo cruzado", a troca de favores entre magistrados para encobrir a contratação, sem concurso, de parentes. A sogra de Nunes fora contratada por empresa de prestação de serviços. Depois, passou a trabalhar num cartório do fórum.

108 *Folha de S.Paulo*, 1/12/2005.

Ao saber que o nepotismo no tribunal estadual de Minas Gerais era uma prática usual e disseminada, sugeri ao jornal viajar a Belo Horizonte para fazer ampla apuração. O TJ-MG tinha em sua folha de pagamento muitos parentes de magistrados. Os funcionários apelidaram de "salário família" o adicional recebido por esses juízes.

Foram inúteis os pedidos de entrevista com o então presidente do TJ-MG, desembargador Hugo Bengtsson Júnior. Ele mantinha parentes na folha de pagamento: uma filha em seu gabinete, um filho no gabinete de outro desembargador e uma filha como assessora numa Vara Criminal em Belo Horizonte. Rastreamento no *site* do tribunal e na imprensa oficial confirmou que "pelo menos 12 desembargadores mantinham suas mulheres na folha de pagamento do tribunal sem prestar concurso".[109]

O TJ-MG fixara um prazo para os servidores informarem se tinham parentes magistrados. Com antecedência, o tribunal anunciou que publicaria portaria com a lista dos servidores a serem afastados. Fiz um rastreamento no *Diário Oficial* das decisões administrativas do TJ-MG nos dias que antecederam a publicação da lista. Bingo.

Conforme desconfiara, aos poucos o tribunal vinha afastando parentes de desembargadores. Numa edição dominical, a *Folha* revelou que "o Tribunal de Justiça de Minas Gerais não incluiu no anúncio de 363 servidores afastados por nepotismo cem parentes de desembargadores, entre os quais três filhos do presidente da Corte, Hugo Bengtsson Júnior, familiares dos três vice-presidentes e do corregedor do tribunal mineiro". Esses servidores foram dispensados "a pedido". Na prática, foram poupados de ter seus nomes publicamente citados na portaria. Havia 17 ações preventivas movidas por desembargadores para evitar as demissões. Esses processos foram distribuídos para apenas duas das sete Varas da Fazenda Estadual. Esse expediente prolongaria a tramitação. O normal seria propor as ações no tribunal estadual.

É comum os tribunais dificultarem o trabalho da imprensa, recusando-se a fornecer informações e documentos sobre atos de gestão. Uma exceção ocorreu no Tribunal Superior Eleitoral. Em 2006, solicitei informações ao TSE, ao ler no *Diário Oficial da*

109 *Folha de S.Paulo*, 12/3/2006.

União edital para a contratação de empresa que apoiaria o processo de votação com urnas eletrônicas. Uma rápida pesquisa no *site* do tribunal revelara que, no pleito de 2004, a Probank, uma empresa privada, havia sido contratada por R$ 43 milhões para operar apenas durante 120 dias. Nas eleições de 2006, o valor do contrato, por prazo de 12 meses, prorrogáveis, e atualizado com quatro aditivos, chegara a R$ 94 milhões. Entre as duas eleições o número de urnas pouco havia aumentado (407 mil em 2004 e 433 mil em 2006). Não houve inflação no período nem seriam usadas novas tecnologias. A investigação resultou na reportagem sob o título "TSE Paga R$ 98 mi Por Operação de Urnas".[110]

Imaginei que a sociedade desconhecesse que o tribunal eleitoral confia os serviços de suporte técnico das urnas eletrônicas e a transmissão dos votos apurados a duas empresas privadas, a Probank e a Via Telecom. Ambas eram controladas por um mesmo grupo familiar de Belo Horizonte (MG), lideradas por Paulo Cézar Martins Júnior, empresário que explora locação de mão-de-obra. Em 2004, sua empresa havia sido contratada pela Caixa Econômica Federal em São Paulo, por R$ 15,6 milhões, para fornecer copeiros, recepcionistas, garagistas, ascensoristas, telefonistas e operadores de fotocópia.

A *Folha* identificara uma antiga ação de despejo por falta de pagamento que ainda tramitava na Justiça de Minas Gerais. O grupo preferiu não comentar "ações de natureza cível particular de seus dirigentes".

Contratada para prestar serviços durante um ano ao TSE, a Probank selecionara, pela internet, técnicos em informática em todo o país. Propunha trabalho temporário entre agosto e outubro. O contrato sofreu um aditivo, pelo qual o tribunal adiava "para oportuna definição" a data da contratação dos "técnicos de urna" para serviços contínuos. Como os funcionários terceirizados trabalham nas eleições com crachás do TSE, o eleitor imagina que eles são servidores públicos.

A Assessoria de Comunicação do TSE revelou-se eficiente e atuou com transparência. Forneceu cópias de atas das reuniões da Comissão de Licitação e das propostas das empresas concorrentes.

110 *Folha de S.Paulo*, 29/9/2006.

Submeti esse material a um juiz, dois procuradores eleitorais, um advogado e um especialista em licitações públicas.

Ao examinar os documentos da licitação, esses especialistas identificaram exigências que poderiam ter inibido a concorrência realizada em 2004, quando a Probank desbancou a Embratel, que foi inabilitada. Mesmo presente em todos os Estados, a Embratel não conseguira comprovar a prestação de serviços de informática com equipes de 3.000 profissionais "trabalhando simultaneamente". Para os *experts*, essa pré-condição feria a Lei de Licitações.

A Probank fazia serviços de retaguarda bancária a instituições financeiras. Em 2005, recebeu o Troféu Info como a empresa que mais cresceu no segmento de apoio em informática. O TSE informou à *Folha* que a Probank "cumpriu as obrigações contratuais e recebeu por serviços prestados com qualidade" e que houve redução nos custos por eleitor. Atribuiu o valor maior do contrato questionado ao fato de que em 2004 previa-se segundo turno em apenas 70 cidades. Nas eleições de 2006, poderia haver segundo turno em todo o país. A empresa, por sua vez, alegou que o incremento do preço se devia ao aumento de postos de trabalho pelos tribunais regionais eleitorais.

A mesma reportagem anunciou que a Probank e a Via Telecom haviam formado o Consórcio E-Vote e ganho concorrência para fazer a transmissão e divulgação preliminar dos resultados das eleições de 2006 no Equador. O Tribunal Supremo Eleitoral do Equador admitiu que uma das empresas do consórcio apresentava endividamento superior ao exigido pelo edital. A Probank alegou que "o eventual endividamento não se configuraria em fator de eliminação" e que eram "compatíveis com índices de empresas globais e de elevada reputação, como Unisys, Telefônica, British Telecom e Portugal Telecom".

Um mês depois, os leitores foram surpreendidos com a notícia do repórter Fabiano Maisonnave, enviado especial da *Folha* a Quito: o Consórcio E-Vote, encarregado de transmitir os dados das eleições no Equador, não entregara os dados no prazo previsto. Seus representantes naquele país haviam desaparecido após o governo romper o contrato. Contratado por US$ 5,2 milhões, o consórcio recebera metade do pagamento.[111]

111 *Folha de S.Paulo*, 17/10/2006.

4

Advogados e juízes reclamam que a mídia é condescendente com o Ministério Público. Vêem na atuação da imprensa uma extensão da atividade acusatória dos promotores e procuradores da República, ao valorizar as denúncias e minimizar desfechos que desmintam acusações que a própria mídia alardeou anteriormente. Perguntam por que a imprensa não questiona distorções do Ministério Público Federal.

Algumas hipóteses podem ser apontadas. A atuação dos procuradores, considerada relevante pela sociedade, inibiria a ação fiscalizadora da imprensa em relação ao Ministério Público. Ainda prevalece a imagem de que os procuradores e promotores estão "do lado do bem". Trata-se de um equívoco. Como qualquer outra atividade, há bons e maus procuradores e promotores. Finalmente, alega-se que os jornalistas dependem muito de informações dos procuradores. Essa proximidade entre a imprensa e o Ministério Público existe e é natural. Ela deixa de ser saudável quando compromete a independência do jornalista.

No período em que o Ministério Público Federal foi comandado pelo procurador-geral da República Geraldo Brindeiro, notadamente durante o governo FHC, os procuradores apareciam com freqüência no noticiário sobre escândalos políticos, no registro de investigações, em fase preliminar ou mais avançada, na cobertura de sessões de Comissões Parlamentares de Inquérito. Foi nesse período que o procurador Luiz Francisco Fernandes de Souza ganhou grande projeção.

Ex-seminarista, ex-militante do PT, Luiz Francisco ganhou projeção ao combater o crime organizado no Acre. Ao lado de outros procuradores, conseguiu levar aos tribunais o ex-deputado federal Hildebrando Paschoal, acusado de envolvimento com o narcotráfico e condenado por homicídio triplamente qualificado.

O procurador também esteve no centro do noticiário ao fornecer à imprensa uma fita, resultado de gravação oculta feita com o senador Antônio Carlos Magalhães durante conversa com procuradores. Luiz Francisco ficou em evidência com a longa troca de acusações ao investigar Eduardo Jorge Caldas Pereira, ex-secretário geral da Presidência no primeiro mandato do governo FHC.

Luiz Francisco chegou a defender, em correspondência que circulou entre procuradores, a idéia de uma "simbiose" entre o Ministério Público e a imprensa. Essa tese foi condenada num trabalho apresentado pelo então subprocurador-geral Cláudio Fonteles, em encontro nacional de procuradores da República.

Quando foi confirmado que Fonteles substituiria Brindeiro no cargo de procurador-geral da República, antecipamos que o MPF deveria passar por grandes mudanças. Previmos que Fonteles deveria impor seu estilo, reduzindo os holofotes dos procuradores mais expostos à mídia. De fato, durante toda a sua gestão, Fonteles foi a voz única da instituição. Luiz Francisco saiu do noticiário.

O primeiro confronto entre aquele procurador e um jornalista ocorreu em 2001, quando revelei que Luiz Francisco havia sido acusado de agir com má-fé ao colocar o número do Cadastro de Pessoa Física (CPF) de um adversário, o advogado Amauri Serralvo, no pedido de quebra de sigilo fiscal e bancário de Eduardo Jorge.[112] Serralvo não estava envolvido naquela investigação, que apurava os desvios de recursos do Fórum Trabalhista de São Paulo.

Ex-presidente da Ordem dos Advogados do Brasil no Distrito Federal, Serralvo era réu numa outra ação proposta por Luiz Francisco, por suspeita de improbidade administrativa. Ao listar quem deveria ter o sigilo quebrado na investigação de Eduardo Jorge, o procurador incluiu o nome da mulher do ex-secretário, Lídice Caldas Pereira, mas colocou dois CPFs. O titular do primeiro CPF é Serralvo. O portador do segundo é Lídice. Os ofícios da 10ª Vara Federal do Distrito Federal ao Banco Central e à Receita Federal, determinando a quebra do sigilo de Lídice, traziam apenas o CPF do advogado. Luiz Francisco alegou que colocara os dois CPFs para evitar homônimos. Essa dúvida poderia ter sido eliminada numa simples consulta ao *site* da Receita, que, em minutos, confirma o

112 *Folha de S.Paulo*, 4/9/2001.

nome dos titulares de CPFs. Em geral, o risco de homônimos ocorre com pessoas que têm nomes e sobrenomes comuns. Não era o caso de Amauri Serralvo e nem de Lídice Caldas Pereira.

Serralvo entende que houve "muita má-fé" e atribui o episódio a uma "questão pessoal". Quando foi diretor da Faculdade de Direito do Distrito Federal, teve "altercação séria" com o então líder estudantil Luiz Francisco. Alertado por advogados de Eduardo Jorge, Serralvo enviou requerimento à Justiça Federal e obteve a retificação do erro. Luiz Francisco enviou ofício ao juiz, apresentando "desculpas formais" a Serralvo. Nele, diz que houve "erro material" cometido pela secretaria da procuradoria.

Eu tomara conhecimento desse episódio casualmente numa das entrevistas que fiz, em Brasília, com Eduardo Jorge. O jornal me pedira para fazer uma ampla apuração sobre a cobertura jornalística envolvendo o ex-secretário de FHC, assunto que abordaremos mais adiante. Naquela ocasião, Eduardo Jorge comentou de passagem o erro cometido por Luiz Francisco. Rigorosamente, não foi uma "sugestão de pauta", pois ele não se deteve naquele episódio e não sabia que eu possuía, em São Paulo, uma cópia do documento que folheava naquela ocasião.

Chegando à redação, fiz o que o procurador deveria ter feito. Entrei no *site* da Receita Federal e verifiquei que o segundo CPF pertencia ao advogado Serralvo (a quem não conhecia e cujo nome não me havia sido dado por Eduardo Jorge). Consultei alguns procuradores da República para avaliar a gravidade do erro cometido por Luiz Francisco. Diante das respostas, pedi uma entrevista com o procurador e voltei a Brasília. O encontro foi tenso.

"Foi um erro material", alegou Luiz Francisco, em seu gabinete, numa longa entrevista cuja tônica foram o nervosismo e o descontrole emocional do procurador. "É piada, é brincadeira, é ignorância", reagiu, aos gritos, quando pedi que ele explicasse o erro e comentasse outros procedimentos que geraram, inclusive, uma representação criminal na Procuradoria Geral da República.[113]

Serralvo havia sido procurador-geral do Conselho Administrativo de Defesa Econômica (Cade). Luiz Francisco o responsabilizara por um parecer que permitiu a Gesner Oliveira, ex-pre-

113 *Folha de S.Paulo*, 4/9/2001.

sidente do órgão, alugar, sem licitação e por valor supostamente superfaturado, o prédio da sede do Cade. O edifício pertence à empresa proprietária do imóvel usado para comitê eleitoral do presidente Fernando Henrique Cardoso, em 1998. Para Serralvo, o procurador tentou ligar a alocação do imóvel do Cade a um favorecimento à campanha de FHC. "Acho que a intenção dele era descobrir algum cheque que pudesse estar ligado com o Eduardo Jorge", disse-me o advogado.

Na entrevista de duas horas e meia, Luiz Francisco chegou a interromper a gravação, exigindo a exibição da minha credencial de jornalista. Depois, abrandou a voz e gravou um pedido de desculpas. Reproduzi no texto os diálogos mais tensos. O procurador atribuiu o questionamento sobre os seus procedimentos a uma tentativa de Eduardo Jorge de "denegri-lo". Quando perguntei se ele achava "correto colocar o nome de uma terceira pessoa", ao pedir a quebra de sigilo, Luiz Francisco interrompeu a pergunta, aos gritos: "Isso foi um erro material. É mentira afirmar que eu coloquei o nome dele. Foi colocado o nome da esposa do senhor Eduardo Jorge, como suspeita. Foi colocado um CPF e, depois, outro, para evitar homônimos". Respondi, calmamente: "Não é preciso gritar. Eu não estou gritando com o senhor".

Eis a reprodução do diálogo mais difícil da entrevista:

Folha – Foi encontrada alguma prova contra Eduardo Jorge?

Luiz Francisco – Está certo. [Volta a gritar] A gente tem indícios veementes, que são provas boas, válidas. Tanto é prova que o juiz determinou a quebra [do sigilo] de 35 pessoas. Tanto é prova [eleva a voz] que vocês, da *Folha*, fizeram inúmeras, gigantescas reportagens, lindas, maravilhosas...

Folha – Mas por que o Sr. não responde sobre a alegação do juiz....

Luiz Francisco – Desliga...[o procurador interrompe a entrevista e pede para desligar o gravador].

Folha – Por que o Sr. não denunciou Eduardo Jorge?

Luiz Francisco – Desliga, desliga, por favor... [o procurador exige que o repórter apresente a credencial da *Folha* e, depois de examinar o crachá do jornalista, pede para religar o gravador e volta a falar, agora abrandando a voz]. Quero pedir... deixar bem registrado, desculpas assim, reais, corretas, ao senhor, como profissional, como homem de imprensa, assim, direito, por eu falar alto.

Tive a impressão de que ele estava mais preocupado em pedir desculpas ao gravador do que ao repórter.

*

A imprensa não deu importância à revelação dos "erros materiais" cometidos pelo procurador. Na época, preferia valorizar seu perfil de missionário no combate ao crime organizado ou na busca implacável de provas contra o governo FHC.

Quando o entrevistara, em outra ocasião, meses antes, fiquei surpreso com a falta de estrutura de seu gabinete. Luiz Francisco tinha apenas uma secretária. Ele mesmo atendia os telefonemas. Sempre foi acessível à imprensa. Aquela entrevista tumultuada, contudo, sugeria outro tipo de indagação: se Luiz Francisco agia de forma truculenta com um jornalista, em geral mais experiente para enfrentar situações difíceis, qual seria o seu comportamento ao interrogar um cidadão indefeso? Ao publicar os fatos e relatar o descontrole emocional do procurador, fiquei na contramão da imprensa.

Semanas depois iria novamente remar contra a maré, ao publicar que não havia, até então, nenhuma prova para sustentar as acusações de Luiz Francisco contra o ex-secretário geral Eduardo Jorge. Pude constatar isso ao examinar todos os documentos disponíveis sobre o caso e ao consultar outros procuradores, alguns dos quais admiradores de Luiz Francisco.

"O Ministério Público Federal não conseguiu provar, até agora, que o ex-secretário-geral da Presidência da República Eduardo Jorge Caldas Pereira ganhou dinheiro público de forma ilícita", informei em setembro de 2001, um domingo, com reportagem em página dupla.[114] "Embora não sejam convincentes as suas explicações sobre os contatos com o juiz aposentado Nicolau dos Santos Neto, não há comprovação de desvios de recursos da construção

114 *Folha de S.Paulo*, 30/9/2001.

superfaturada do Fórum Trabalhista de São Paulo para as contas de EJ [como o economista ficou conhecido]. [Não encontraram e não vão encontrar nada contra mim], afirmou EJ, em tom de desafio, em seu escritório em Brasília. Ele está ganhando o jogo na disputa com os procuradores do MPF (Ministério Público Federal), mas a sociedade desconhece esse fato", registrei naquela reportagem.

Dois meses antes, Eduardo Jorge convidara o então ombudsman do jornal, Bernardo Ajzemberg, a examinar documentos que, segundo alegava, comprovariam a sua inocência, mostrando que estava sendo vítima da imprensa. Ajzemberg sugeriu que o jornal designasse um repórter especial para cuidar do caso.

Convocado para a tarefa, sugeri um primeiro encontro com Eduardo Jorge em Brasília, depois de uma leitura prévia do que havia sido publicado sobre ele nos últimos meses. Cumprida essa etapa, eu precisaria de tempo para examinar os documentos.

Lembro-me bem do primeiro encontro, em Brasília, com o ex-secretário de FHC. De camisa branca, calça preta, com suspensórios, sentado sobre uma das pernas, dobrada, chupando um picolé, Eduardo Jorge queria saber, antes de abrir as pastas de documentos, se eu acreditava na inocência dele. Entendi a pergunta como uma condição prévia para a continuação da conversa. Disse-lhe que não podia prejulgar. Ele disse-me que ainda estudava a hipótese de mover uma ação de indenização contra o jornal e que pretendia processar todos os veículos de comunicação que abrigaram acusações sem provas. Respondi que não estava ali para tentar demovê-lo. Minha disposição era ouvir seus argumentos, examinar os documentos e fazer uma reportagem isenta.

Eu já tinha uma avaliação inicial sobre a cobertura jornalística da *Folha* sobre o caso do TRT paulista e a presença constante de Eduardo Jorge no noticiário. O jornal, assim como todos os veículos, fizera aquilo que nós chamamos de "cobertura de manada". É quando, limitada pelo tempo e pressionada pela concorrência, a imprensa veicula de forma acrítica os depoimentos em sessões abertas de CPIs, a troca de acusações e os excessos. Muitos parlamentares, protegidos pela imunidade, aproveitam os minutos de exposição na cobertura ao vivo pela televisão e se excedem nas acusações. Mas havia um diferencial. Na *Folha*, o benefício da dúvida em relação a Eduardo Jorge havia sido reafirmado de forma enfática em colunas de influentes jornalistas, como Clóvis Rossi e Luís Nassif. O ex-secretário de FHC fora alvo de extensa reportagem, muito equilibrada, redigida por André Singer, então repórter especial da *Folha*.

Não fiz nenhum comentário naquele encontro, mas a impaciência de Eduardo Jorge sugeria que essas exceções na mídia eram insuficientes.

Depois de examinar a papelada e de ouvir procuradores que cuidavam do caso, também me surpreendi com a conclusão a que cheguei e que foi registrada sem subterfúgios numa reportagem dominical de página dupla: "Levantamento realizado pela *Folha* nos últimos dois meses confirma que não há nenhuma acusação formal de crime atribuído ao ex-assessor do presidente Fernando Henrique Cardoso. Ele não foi alvo de denúncia no Judiciário. Não é réu em processo, nem sequer foi indiciado em inquérito criminal. Mas dificilmente EJ encontrará quem lhe dê um atestado de bons antecedentes. Essa desconfiança persiste, mesmo depois de duas longas sessões de inquirição no Senado, quando não deixou pergunta sem resposta: nenhum senador foi capaz de provar qualquer ilícito que ele tivesse cometido".

Luiz Francisco, evidentemente, fez outra leitura do caso, na mesma reportagem. "Se o Ministério Público fosse açodado e jogasse para a platéia, a gente simplesmente o denunciaria e depois ele seria absolvido", disse o procurador. Observei no texto que o procurador ainda não encontrara um "link econômico", uma transação financeira, como ele definia, que comprovasse eventual enriquecimento ilícito de Eduardo Jorge. Ou seja, Luiz Francisco insistia na necessidade de quebrar o sigilo bancário do ex-auxiliar de FHC, das empresas dele e dos sócios para aprofundar as investigações. "Se eu permitir que quebrem o sigilo, como deseja o procurador, estarei morto no mercado", alegou Eduardo Jorge. "Nenhum empresário se associa a alguém sob suspeita", disse.

Eduardo Jorge colecionava sentenças judiciais contra a pretensão do Ministério Público de fazer uma devassa em suas contas. Um dos procuradores envolvidos na investigação admitiu, reservadamente: "Não há nada provado contra Eduardo Jorge. Se ele fez alguma coisa, o fez bem feito".

Desde o início das investigações, o MPF concentrou sua ação na busca de evidências de envolvimento de Eduardo Jorge no caso do TRT-SP. Alguns procuradores admitiam, longe dos gravadores, que essas evidências não apareceram. As constantes ligações telefônicas do juiz aposentado Nicolau dos Santos Neto para o ex-secretário não provavam muita coisa. O senador José Eduardo Dutra (PT-SE) disse, na ocasião, que as ligações telefônicas "eram o único indício concreto, muito pouco para sustentar um requerimento de convocação de CPI [Comissão Parlamentar de Inquérito]".

As suspeitas sobre o patrimônio de Eduardo Jorge, que quase dobrou, de 1998 para 1999, quando deixou o governo, foram estimuladas com a compra no início de 2000 de um apartamento de 600 metros quadrados no luxuoso condomínio Praia Guinle, em São Conrado, no Rio de Janeiro, por R$ 1,130 milhão. A assessoria técnica do Senado emitiu parecer considerando regular essa operação, por ter havido uma evolução patrimonial condizente e por causa da venda anterior de outros imóveis.

Foram levantadas suspeitas sobre a diferença de valores depositados com a venda de um apartamento de Eduardo Jorge, em Brasília. Ao depor no MPF, a auditora da Receita Federal Rosa Maria de Oliveira disse que "isso não sugere ao fisco sonegação fiscal nem a existência de um segundo imóvel vendido e não declarado".

A Receita Federal atestou, a seu pedido, que, em 1999, Eduardo Jorge e sua mulher haviam sido alvos de análise fiscal nos cinco anos anteriores, por solicitação do Ministério Público Federal de Goiás. A Receita certificou que, ao confrontar as fontes pagadoras, aplicações financeiras, transações com imóveis e veículos, não havia constatado irregularidade fiscal. Três dias depois, o MPF em Brasília requereu auditoria fiscal contra ele, sua mulher, empresas e sócios.

O secretário da Receita Federal, Everardo Maciel, autorizou apenas o procedimento fiscal contra o economista e a mulher. "Everardo Maciel desobedeceu ao Ministério Público. Quando eu fiquei sabendo que a Receita não estava auditando as empresas, intimei os auditores e o delegado", disse o procurador Luiz Francisco.

"Os procuradores sabiam que uma auditoria recente já atestara a lisura de minha situação fiscal, e que a lei impedia tal repetição sem fatos novos", declarou Eduardo Jorge à *Folha*. No ofício a Maciel, o MPF alegou "sinais ostensivos de riqueza", e "indícios veementes de enriquecimento ilícito e sonegação". A auditoria começou no dia seguinte ao primeiro depoimento de EJ no Senado. Aos senadores, ele contou que o MPF em São Paulo havia anunciado, um ano antes, que iria investigá-lo. E provocou: "Será que a procuradoria, depois de um ano, não conseguiu pegar esse 'ladrãozão'?"

Um ano antes daquela reportagem da *Folha*, Eduardo Jorge pedira ao Ministério Público Federal, em Brasília, cópia integral do procedimento de investigação. Só poria a mão nessa papelada seis meses depois. Tirou mais de cem cópias e enviou a parlamentares e jornalistas, desafiando-os a publicar qualquer ilícito que achassem. Eduardo Jorge estava convencido de que o MPF não tinha como comprovar tráfico de influência. Ele dizia que fazia "lobby ao contrário", ajudando empresas a entender como o governo opera.

A obstinação do MPF na tentativa de quebrar o sigilo de Eduardo Jorge polarizou a disputa entre o ex-secretário e o procurador Luiz Francisco de Souza. "Ele me crucifica", reclamou Eduardo Jorge, no Senado. "O Sr. Eduardo busca fugir da investigação como o diabo foge da cruz", alegou o procurador. Minucioso, com domínio da informática, o ex-secretário geral da Presidência rastreava tudo o que tinha a ver com o caso. Contava com o apoio do escritório de advocacia dos irmãos e era representado por conhecido criminalista de Brasília. Luiz Francisco operava sozinho, apenas com uma secretária, atuando simultaneamente em várias investigações. Tinha a seu lado, na época, a cobertura da imprensa.

Luiz Francisco foi alvo de três representações na Procuradoria Geral da República (uma criminal). Era réu em queixa-crime oferecida pelos irmãos de Eduardo Jorge. "É porque eu falo o que eu penso", disse o procurador. Luiz Francisco escreveu que "a alegação de que toda pessoa é inocente até prova em contrário em nada auxilia o Sr. Eduardo Jorge" [porque haveria provas indiretas]". No caso, o ex-secretário de FHC nem sequer foi indiciado em inquérito.

O levantamento da *Folha* identificou algumas divergências nas informações passadas pelo ex-secretário de FHC. Todas foram registradas na reportagem. Em depoimento a procuradores em São Paulo, por exemplo, Eduardo Jorge dissera que, entre meados de abril e maio de 1998, recebeu em sua residência, em Brasília, o juiz Nicolau dos Santos Neto, que fora "se despedir". Naquele período, Nicolau fazia lobby na Procuradoria Geral da República, em Brasília, para suspender recomendação do MPF contra a liberação de novos recursos para a obra do TRT-SP.

Nicolau voltou a procurar Eduardo Jorge pessoalmente, "por volta de junho de 1998". Segundo o ex-secretário, ele fora pedir emprego na Abin (Agência Brasileira de Inteligência). Essa agência só seria criada em dezembro do ano seguinte. Houve telefonemas do juiz Nicolau, de junho de 1998 a fevereiro de 1999, quando Eduardo Jorge já havia deixado o governo. Segundo o ex-secretário, eles tratavam da nomeação de juízes classistas, versão esvaziada e negada por três ex-presidentes do TRT-SP.

No depoimento ao MPF, Eduardo Jorge sustentou que conhecera Nicolau em 1995. Não explicou o motivo de duas ligações do juiz para a sua casa em dezembro de 1994.

No primeiro depoimento ao Senado, Eduardo Jorge alegou desconhecer que o escritório de seu irmão, o advogado Marcos Jorge, atendia à Incal, construtora do Fórum Trabalhista de São Paulo. No segundo depoimento, diante de um documento firmado por Marcos Jorge, sobre a Incal, disse que aquilo era apenas uma coisa "protocolar".

Eduardo Jorge negou conhecer Fábio Monteiro de Barros, da Incal, que fez seis ligações para o ex-secretário. Em 31 de julho de 1996, o empresário ligou de telefone pessoal. Nesse dia, logo em seguida, Nicolau ligou quatro vezes para Eduardo Jorge. "Essa relação de telefonemas não é indício de nada", disse Eduardo Jorge. "Sempre existiram ligações de Nicolau sobre juízes classistas para meus antecessores", completou.

"Eu sei que não sou corrupto. Não me conformo com nada menos que a absolvição absoluta", afirmava Eduardo Jorge. A *Folha* destacou essa afirmação na reportagem que marcaria o início da recuperação da imagem do ex-secretário. Ela antecedeu um longo texto do jornalista Rui Nogueira na edição de setembro de 2002 da revista *Primeira Leitura*, publicação que era muito próxima dos tucanos.[115]

Recebi correspondência de Eduardo Jorge, elogiando a correção daquela reportagem. Como antecipara, o ex-secretário de FHC moveu ação de indenização contra vários veículos, inclusive a *Folha*. Em 2002, Eduardo Jorge propôs ação de reparação de danos morais contra a União Federal e os procuradores da República Luiz Francisco de Souza e Guilherme Schelb.[116] Alegou que foi vítima de "campanha difamatória" e de "massacre moral, por meio de ataques em órgãos de imprensa, com a decisiva e deliberada participação de alguns membros do Ministério Público Federal". Disse que os procuradores "alimentaram o escândalo, mediante declarações desprovidas de comprovação, de grave conteúdo ofensivo, e vazamento de informações e documentos sigilosos". Na mesma reportagem, Luiz Francisco disse que a ação era "uma tentativa de intimidação, de amordaçar a imprensa e os procuradores sem que haja lei da mordaça". Seu colega Schelb afirmou que não seria "intimidado e amedrontado por mentiras de pessoas que defendem uma lei de mordaça fascista". Para ele, Eduardo Jorge "exerce um direito constitucional", mas, "infelizmente, está se tornando comum as pessoas investigadas investirem contra os investigadores".

Em maio de 2007, por seis votos a três, ao julgar reclamação proposta por Eduardo Jorge, o Conselho Nacional do Ministério Público suspendeu por 45 dias o procurador Luiz Francisco e aplicou pena de censura a Guilherme Shelb.

115 Em artigo publicado em 7/8/2002, no *Observatório da Imprensa*, sob o título "Denuncismo e apuração negligente", Nogueira afirma ter conversado pela primeira vez com o ex-secretário no dia 24/7/2002. A reportagem revelando não haver provas contra Eduardo Jorge foi publicada na *Folha* em 30/9/2001.
116 *Folha de S.Paulo*, 2/10/2002.

5

Quando eclodiram as primeiras operações da Polícia Federal envolvendo magistrados, muitos repórteres foram escalados para cobrir os fatos sem conhecer os personagens e os antecedentes. Em 2003, quando a Operação Anaconda desbaratou uma suposta quadrilha que negociava sentenças na Justiça Federal em São Paulo, a *Folha* havia publicado várias reportagens que anteciparam suspeitas sobre aqueles fatos, mas o jornal estava desinformado no dia das diligências de busca e apreensão. O mesmo não aconteceu em outra operação da Polícia Federal envolvendo o judiciário federal em São Paulo, a Operação Têmis, em 2007, o que permitiu não somente uma cobertura mais completa das diligências como a elaboração de reportagens exclusivas, com apuração própria, sobre alguns personagens envolvidos.

A Anaconda eclodiu em novembro de 2003. Nove meses antes, a *Folha* publicou que o juiz federal João Carlos da Rocha Mattos morava num apartamento comprado por uma empresa *offshore* uruguaia, cujo procurador era Carlos Alberto Costa e Silva, advogado de doleiros.[117] Na verdade, essa reportagem poderia ter sido antecipada em alguns meses se uma carta anônima não tivesse ficado abandonada em minha gaveta. Explico.

A experiência recomenda que informações passadas por meio de cartas apócrifas e telefonemas anônimos devem ser tratadas com extrema cautela – mas não devem ser desprezadas. Aquela correspondência trazia detalhes sobre registros em cartório do apartamento do juiz, localizado em Higienópolis, um dos bairros mais valorizados de São Paulo. O imóvel situa-se na mesma rua onde morava o ex-presidente Fernando Henrique Cardoso. Trata-se de um apartamento de cobertura, com área

117 *Folha de S.Paulo*, 23/3/2003. O caso é apresentado detalhadamente em *Juízes no Banco dos Réus*.

privativa de 347 m^2 e cinco vagas na garagem. Só dei atenção àquela colaboração anônima quando me deparei, também casualmente, com uma outra informação relevante.

Naquela época, o Tribunal Regional Federal da 3ª Região estava às voltas com disputas muito fortes no processo eleitoral interno. Ao publicar uma reportagem sobre os eventuais grupos de poder no tribunal, recebi um telefonema de Rocha Mattos, a quem conhecia havia muitos anos. Ele me disse que aquelas reportagens sobre o TRF-3 eram "salutares" para a Justiça. Perguntou se eu gostaria de receber alguns documentos sobre irregularidades praticadas por juízes daquele tribunal. Aceitei examinar os papéis sem o compromisso de publicação. Eram cópias de representações que Rocha Mattos oferecera contra desembargadores do TRF naquele tribunal, no STJ e no STF. Foi a partir dessa documentação que tive conhecimento de processos instaurados contra o juiz que tramitavam em sigilo no tribunal federal.

Fiz um rastreamento desses processos nos dois tribunais superiores. Embora as apurações no TRF-3 fossem inacessíveis ao repórter, protegidas pelo sigilo, alguns despachos em *habeas corpus* impetrados no STJ revelavam o que estava em julgamento na segunda instância. Uma dessas decisões fazia referência a depoimento prestado por uma ex-estagiária da Justiça Federal que teria revelado "fatos delituosos" supostamente praticados por Rocha Mattos e eventuais relações com doleiros. A estagiária teria mencionado a compra de um apartamento em nome de uma empresa. Já ouvira falar do depoimento, mas quem conhecia a história não acreditava que esse episódio viesse a ter desdobramentos que comprometessem o juiz. Foi nesse momento que me lembrei da carta apócrifa na gaveta. Mandei levantar o registro do imóvel. A denúncia anônima procedia.

Rocha Mattos admitiu que era amigo, embora não íntimo, do advogado Costa Silva. E que o depoimento da ex-estagiária era prova ilícita, pois havia sido colhido por promotores estaduais, ou seja, autoridades incompetentes para investigar um juiz. O apartamento foi um dos alvos das diligências de busca e apreensão pela Polícia Federal e Ministério Público Federal quando eclodiu a Operação Anaconda.

Em abril de 2007, quando veio à tona a Operação Têmis, a *Folha* antecipou-se ao investigar o patrimônio de um dos juízes. Desta vez, a reportagem era resultado de uma apuração independente das buscas e diligências da Polícia Federal.

Em abril de 2007, o jornal revelou que, no período em que substituiu o desembargador Roberto Haddad no TRF-3 (entre abril de 2007 e agosto de 2006), o juiz federal Manoel Álvares adquiriu um segundo apartamento no prédio em que reside na capital, compra registrada por R$ 300 mil.[118] O magistrado adquiriu, também durante a substituição de Haddad, outro apartamento no prédio em que já possuía um imóvel, na praia do Guarujá (SP). Essa transação foi registrada por R$ 63 mil.

Álvares teve seu nome citado em depoimento do doleiro Lúcio Bolonha Funaro, em delação premiada nas investigações do mensalão, em 2005. Funaro afirmou que em 2004 fizera a intermediação de um pagamento em dólares ao juiz, correspondente a R$ 300 mil, por uma decisão sobre matéria tributária. Álvares negou. Ele disse que a compra do apartamento foi uma transação regular. "Paguei com cheque, o dinheiro saiu da minha conta, está tudo certinho, declarado no Imposto de Renda, com origem e tudo", afirmou. "Foi dinheiro que eu vinha guardando. Eu economizo por ano R$ 350 mil. Levo uma vida regrada, nunca viajei para o exterior. Nem eu nem minha mulher. Quem ganha R$ 730 mil por ano, declarados no Imposto de Renda, pode economizar R$ 350 mil", diz o magistrado.

Sem maiores registros, desde agosto de 2006 Álvares deixara o tribunal, interrompendo a substituição do juiz Roberto Haddad (que só retornaria ao cargo em dezembro daquele ano). Eu sabia que havia uma investigação sigilosa contra Álvares. Ele confirmou esse fato, quando o entrevistei, em abril de 2007. "Tudo começou em agosto de 2006. Eu estava no tribunal, me falaram que tinha uma denúncia contra mim e que eu não podia mais ficar no tribunal", disse.[119]

Meses antes da Operação Têmis, eu sugerira ao jornal um levantamento sobre o patrimônio de Álvares, tomando os mes-

118 *Folha de S.Paulo*, 4/9/2001.
119 Idem.

mos cuidados de quando, anos antes, fizera a pesquisa sobre os bens de Haddad. Repeti o roteiro. Parti de uma pesquisa simples sobre os telefones registrados nas listas em nome do magistrado. Os muitos homônimos foram a primeira dificuldade a superar: havia vários "Manoel Álvares" na lista telefônica, com imóveis em diferentes localidades.

Quem solucionou o problema foi José Iran Nonato Alves, que trabalha na *Folha*, espécie de caçador de registros de imóveis, que se especializou em pesquisas de documentos em cartórios e nas juntas comerciais. Ele localizou no *site* da Justiça Federal um mandado de segurança impetrado em 1996 por vários juízes federais. No andamento desse processo estava registrado o número do CPF do magistrado. Com isso, confirmei pelos registros de imóveis que os apartamentos mencionados na reportagem de fato pertenciam ao juiz.

NOTAS SOBRE A REPORTAGEM INVESTIGATIVA

1

Uma das características mais valorizadas na reportagem investigativa é a isenção do jornalista. A busca da objetividade é quase um mito: o ideal é relatar os fatos com exatidão, acolhendo as várias versões, permitindo que o leitor forme sua convicção.

Ao adotar essa prática, o jornalista "esconde" sua opinião. Uma das grandes qualidades da boa imprensa é separar em áreas distintas, de forma transparente e de fácil identificação para o leitor, a informação e a opinião. É evidente que, ao eleger o tema de uma reportagem, ao valorizar determinado aspecto no título ou na abertura do texto o jornalista emite um juízo, faz uma avaliação. Mas a opinião aberta, com críticas ou elogios, cabe em espaço próprio, nos editoriais ou nos textos de colunistas.

Tenho exposto minhas opiniões sobre o jornalismo investigativo, em especial sobre a cobertura do Judiciário, em debates, seminários e aulas para novos jornalistas, sempre com o propósito de estimular a discussão sobre o nosso ofício e acolher críticas.

Percebo que a indignação da sociedade com a seqüência de escândalos no Executivo, no Legislativo e no Judiciário dificulta uma análise serena sobre a atuação da mídia e os limites de seu ofício. A frustração e a perplexidade diante da impunidade geram a expectativa de que a imprensa cumpra um papel que não é seu.

São preocupantes as pesquisas revelando que considerável parcela da população acredita que a imprensa é a instituição que mais contribui para a realização da justiça. Trata-se de uma distorção. Costumo dizer que repórter não é policial, redator não é promotor e editor não é juiz. Nos últimos anos, os leitores foram surpreendidos com as sucessivas operações da Polícia Federal, em alguns casos desmantelando quadrilhas com ramificações até no Judiciário. As revelações quase diárias de atos de corrupção, somadas à impunidade estimulada pelo foro privilegiado e pela morosidade da Justiça, impedem distinguir falhas por decisões tomadas no calor da hora e erros estruturais que se perpetuam.

A imprensa tem sido cobrada por excessos praticados nessas coberturas. As reclamações partem, principalmente, de entidades que representam os advogados. Muitas queixas são procedentes. Uma leitura mais rigorosa dessas críticas reflete a indignação dos advogados quando sua atividade é limitada por abusos de autoridades ou pelo uso de instrumentos indispensáveis para o combate ao crime organizado, como a interceptação telefônica (que não é a única prova colhida nas investigações), a quebra de sigilos e a delação premiada. Foi por pressão internacional, diante do avanço do terrorismo e do narcotráfico, que o Brasil se comprometeu a criar varas para julgar crimes de lavagem de dinheiro e a adotar práticas de investigação mais invasivas. A delação premiada, por exemplo, alvo de restrições feitas por advogados, não é formalizada sem a anuência do defensor de quem escolhe essa opção.

Incomoda aos advogados a percepção equivocada que confunde a defesa de criminosos de colarinho branco com uma suposta conivência com ilícitos financeiros. Mas esse preconceito não é fruto de incompreensão da imprensa. É comum policiais e representantes do Ministério Público afirmarem que os criminalistas "estão no outro lado do balcão". Recorde-se a resistência da Polícia Federal à nomeação do advogado Márcio Thomaz Bastos como ministro da Justiça no governo Lula, e à de José Carlos Dias, no governo Fernando Henrique Cardoso.

Magistrados têm reservas a advogados especialistas em planejamento tributário que atuam numa espécie de consultoria muito próxima de ilícitos fiscais. Percebi, certa vez, o interesse com que um diretor da inteligência da Receita Federal anotou o endereço do escritório de advocacia que defendia um doleiro. Não surpreende que advogados insuspeitos tenham o receio de vir a ser alvos dos chamados "arapongas" do fisco.

A grita da advocacia contra as operações de busca e apreensão aparenta esquecer que essas diligências requerem autorização judicial. Quanto mais longa a apuração sigilosa que precedeu a busca, mais indícios de prova devem ter sido oferecidos ao magistrado para determinar as prisões preventivas. Se o sigilo foi mantido rigorosamente na fase de investigação, é natural que os acusados, uma vez divulgadas as operações pela imprensa, aleguem desconhecer por que são alvos das ações policiais. Em geral, os advogados só são constituídos depois de concluídas as diligências. Essas circunstâncias, contudo, não justificam a demora no acesso aos autos para que eles tomem conhecimento dos fatos imputados a seus clientes.

Sobra razão aos advogados quando se queixam de que a imprensa recebe, em primeira mão, denúncias envolvendo seus clientes. Os vazamentos sempre são distorções. Mas é simplista a idéia de que procuradores ou policiais apenas buscam holofotes. Pode haver interesses políticos, mas o vazamento é um recurso muitas vezes utilizado diante da certeza de que determinados processos serão engavetados se não chegarem ao conhecimento do público. Há vazamentos feitos por advogados e até por membros do Judiciário.

A presença tão criticada da imprensa nas operações de busca e apreensão pode estimular a pirotecnia policial e a exposição indevida de pessoas, constrangendo-as. Mas é uma garantia para inibir (ou documentar) excessos. Em 2005, o ministro Thomaz Bastos editou portaria determinando que essas diligências deveriam ser realizadas "de maneira discreta". São ostensivas e intimidam. É justo admitir, porém, que, até agora, nenhum tiro foi deflagrado nas operações da Polícia Federal, instituição que não está acima de críticas.

Se todos são iguais perante a lei e se a busca de provas em gabinetes e residências de magistrados é autorizada por uma Corte Superior, são indevidas as manifestações de associações de juízes pedindo discrição, ausência de sirenes e de armamento e limites à atuação da imprensa quando as diligências alcançam magistrados.

Em vez de pretender tratamento diferenciado a juízes sob suspeição, a magistratura deveria liderar o debate sobre a necessidade de mecanismos legais para afastá-los provisoriamente até o final das investigações. Trata-se de medida prudente, para evitar que continuem a julgar e a constranger os pares nos julgamentos colegiados.

O que surpreende, mesmo, é o silêncio de um tribunal depois que reportagens mostraram gabinetes de desembargadores vasculhados em busca de provas. Sob a alegação de preservar a "imagem da instituição", muitos juízes desestimularam, lá atrás, procedimentos administrativos preliminares para apurar antigas suspeitas sobre a atuação de colegas.

As operações policiais envolvendo membros do Judiciário são o fato novo que expõe antigas distorções, corporativismos e omissões. A grande maioria dos juízes é honesta e deve considerar saudável o saneamento da instituição, afastando suas maçãs podres. É obrigação da imprensa noticiar esses fatos raros, embora sejam conhecidas suas deficiências no trato das questões do Judiciário. Não se pode negar que há despreparo e arrogância dos jornalistas, incapacidade de admitir erros e falta do mesmo destaque para desfechos que não confirmam denúncias reveladas.

Devem-se registrar, contudo, os cuidados dos órgãos de comunicação para evitar a repetição de episódios como o da Escola Base.[120] A referência a esse caso, aliás, se tornou um "carimbo", recurso usado por muitos suspeitos para tentar desqualificar investigações jornalísticas.

É saudável a atuação do *ombudsman*, o advogado dos leitores. Mas a imprensa ainda tem muito a aprender com a Justiça, como o respeito ao contraditório e a busca de várias versões para um mesmo fato.

Demorou muito para a mídia tratar com naturalidade as mazelas do Judiciário. Infelizmente, esse Poder não tem uma cobertura sistemática. É preciso acompanhar a tramitação dos processos, saber rastrear os sucessivos recursos que prolongam litígios e beneficiam acusados de maior poder econômico.

A imprensa ainda não se conscientizou de que os juízes são agentes públicos, sujeitos a prestar contas de seus atos. A sociedade, por exemplo, não sabe das disputas de poder nos tribunais. É menos arriscado tratar dos escândalos do Executivo e do Legislativo. As condenações em ações de indenização movidas por magistrados contra a imprensa têm sido mais pesadas e chegam a ser justificadas

120 Em 1994, a imprensa acolheu relato policial que deu crédito à denúncia de uma mãe de alunos da Escola Base, localizada no bairro da Aclimação, em São Paulo, e acusou injustamente os donos da instituição de ensino de promover abusos com menores.

como forma de inibir "novas ousadias". O excesso de reverências e mesuras entre advogados e magistrados realimenta a fogueira de vaidades. As apressadas manifestações de advogados em apoio a juízes colocados em incômoda evidência na imprensa têm sabor de advocacia interesseira.

Quando a sociedade se vê acuada diante do avanço da criminalidade, a ponto de juízes serem aconselhados a não portarem a identificação de magistrados fora dos tribunais, cabe perguntar se todos nós temos respondido à altura a esse novo e alarmante cenário. A infiltração do crime organizado no Judiciário exige cumplicidade de juízes, cobertura de policiais corruptos, intermediação entre advogados e quadrilhas e a prevaricação de membros do Ministério Público. A atuação durante muitos anos de vários juízes federais muito suspeitos, em São Paulo, já era de conhecimento de procuradores e advogados.

Os bons advogados são o melhor fiscal dos maus juízes. Na introdução do meu livro *Juízes no Banco dos Réus*, relato o episódio em que uma grande firma de advocacia contratou empresa privada de investigação e obteve provas de corrupção de um juiz. Essas provas foram destruídas pela presidência da Corte e o juiz corrupto foi premiado com a aposentadoria. A firma de advocacia prestou relevante contribuição, mas o serviço ficou pela metade. Caberia representação ao Ministério Público ou a divulgação dessa alta prevaricação do tribunal. Mas os advogados preferem que as disputas judiciais sejam resolvidas longe dos jornais.

Há muito sigilo em processos envolvendo juízes suspeitos. O conflito entre o interesse público e o direito à privacidade é um desafio para jornalistas e julgadores. Chamada a decidir nesses casos, a Justiça não tem prazos para sentenciar. Por dever de ofício, jornalistas são premidos a tomar decisões em minutos, numa concorrência cada vez mais acirrada pela internet. Quando o interesse público fala mais alto, a publicidade deve ser a regra.

2

A reportagem investigativa não é uma atividade individual, uma iniciativa isolada. Da sugestão da pauta à edição da reportagem há o envolvimento de profissionais de diferentes áreas da empresa jornalística, além da redação. Eles dão o suporte administrativo para pesquisas e material de apoio, além do necessário aconselhamento jurídico.

Uma reportagem bem sucedida requer rigor e disciplina do repórter na obtenção e no trato da informação. Por ser um trabalho de equipe, falhas em procedimentos simples podem significar transtornos que atingem outros profissionais. Para ajudar a evitá-las, faço alguns comentários e listo algumas recomendações úteis:

1. Antes de iniciar uma investigação, esteja certo de que a publicação para a qual trabalha tem interesse no tema e disposição para enfrentar resistências e coibir pressões. Esse cuidado aparentemente óbvio evita frustrações, desentendimentos posteriores com chefias e constrangimentos que poderão ser evitados.

2. É importante que haja compreensão dos riscos envolvidos e que seja assegurada a retaguarda jurídica para garantir ao repórter o exercício tranqüilo de seu trabalho.

3. As reportagens devem ser realizadas com todos os cuidados para se evitar contestações, seja por meio de cartas, de desmentidos oficiais ou em ações de indenização e processos criminais.

4. Processos contra jornalistas podem ser usados para abortar o tratamento de casos rumorosos pela imprensa ou para tentar desqualificar o profissional.

5. Ações de reparação movidas contra empresas jornalísticas têm um custo muito elevado, mesmo antes de eventual indenização. Na prática, esses processos obrigam o jornalista a fazer uma segunda apuração, reportagem que não será publicada. Se os cuidados preliminares não foram tomados, haverá o desconforto da busca de provas que deveriam ter sido obtidas antes da publicação, ou de solicitações incômodas para que revelações e afirmações obtidas *off the records*, em confiança, sejam repetidas formalmente perante um juiz.

6. Muitas vezes a imprensa "compra" a suposição de que as provas de um crime estão evidentes ou "vende" ao leitor a idéia de que essa comprovação virá na edição seguinte. Não são raras as reportagens a partir de simples depoimentos, sem provas, acenando com a perspectiva de que elas virão tão logo seja quebrado o sigilo dos suspeitos. Investigações preliminares tratadas como condenações públicas definitivas ajudam a alimentar a indústria das indenizações. Uma vez livres de inquéritos mal-instruídos, ou beneficiados por sentenças contraditórias, restará aos acusados "limpar o nome na praça" com ações de danos morais contra os jornalistas.

7. Ao tomar conhecimento de algum fato que mereça investigação, o jornalista deve procurar, antes de sair a campo, levantar todas as informações possíveis sobre o fato. Deve saber os eventuais interesses de quem está sugerindo a reportagem e avaliar se há interesse público no que será investigado. É importante saber a quem a reportagem prejudicará e quem será beneficiado com a divulgação dos fatos.

8. O repórter deve manter saudável distanciamento das fontes. Mesmo que os interesses sejam legítimos, a fonte original não deve exercer influência no processo de apuração e nas conclusões da reportagem. O jornalista não pode depender de uma única fonte. Mesmo confiando plenamente no seu informante, é saudável ouvir a opinião de outras pessoas de confiança. Se possível, obter avaliação neutra sem citar as partes envolvidas.

9. As denúncias devem ser tratadas como material preliminar para a investigação jornalística. Declarações, mesmo gravadas, podem ter efeito limitado. Uma afirmação feita ao jornalista pode não ser sustentada, depois, diante do delegado de um inquérito. Uma afirmação no inquérito pode ser refeita ou negada perante o juiz.

10. É recomendável pesquisar em outras publicações sobre os personagens centrais. Os casos apurados geralmente têm ramificações. Se for uma disputa judicial, é preciso conferir se há processos relacionados ao caso que não tenham sido informados ao jornalista.

11. É possível que chegue às mãos do repórter apenas uma peça de uma disputa mais ampla. Por isso, deve sempre ser feito um levantamento prévio de todos os envolvidos, consultando-se outros casos em que atuam os advogados das partes. Essa é uma forma de encontrar novas fontes, novos caminhos para uma matéria cuja apuração às vezes não avança.

12. O repórter deve pedir comprovantes e cópias de documentos. É útil guardar tudo que não puder publicar. Sempre que possível, ter documentos na mão. Quando for recebido um documento por fax, tirar fotocópia e guardá-la. A cópia por fax costuma ficar ilegível.

13. Antes de começar uma entrevista, deve-se deixar bem claro o objetivo da reportagem. O entrevistado deve ter o tempo que for preciso para pensar, para voltar atrás, refazer suas respostas. É um direito seu.

14. Sempre se deve terminar uma entrevista perguntando ao entrevistado se ele gostaria de acrescentar alguma coisa que não tenha sido questionada pelo repórter.

15. Deve-se pedir ao entrevistado que diga claramente qual o ponto que considera mais importante a ser ressaltado ou a afirmação que julgue mais relevante. É a opinião dele que deve prevalecer.

16. O jornalista deve guardar as fitas de gravações e sempre pedir permissão para gravar. A recusa à gravação pode ser um indicador da firmeza, ou não, de sua fonte ou de seu entrevistado. Costumo perguntar se a fonte ou o entrevistado sustentaria em juízo a informação ou opinião que me está passando. A reação ajudará a sopesar os fatos.

17. O repórter deve prestar muita atenção às datas. As contradições às vezes surgem na análise de detalhes. Recomenda-se ler e reler o material levantado, mesmo depois de publicada a primeira reportagem.

18. É importante trabalhar de forma organizada, registrando horário e datas de telefonemas e entrevistas. Considerando a possibilidade de processos futuros, é essencial poder comprovar as várias iniciativas tomadas para ouvir a parte contrária antes da publicação da reportagem.

19. As melhores reportagens são as mais equilibradas. A não ser nos casos em que essa prática impeça a apuração, quanto mais cedo o jornalista procurar o "outro lado", mais amplo será o contraditório. Se a reportagem é relevante e exclusiva, o repórter deve permitir à parte acusada tempo suficiente para levantar informações, documentos. Esse cuidado servirá também para mostrar que o jornalista agiu de boa fé, dado essencial se houver um processo.

20. Se não conseguir ouvir a parte contrária, o jornalista deve procurar os advogados dos acusados. Se não tiver êxito, é prudente procurar manifestações anteriores em favor dos acusados ou a opinião de amigos dos acusados.

21. Ao redigir o texto, não se deve fazer acusações. É importante consultar especialistas, que poderão emitir pareceres. Deve ser pedida avaliação a mais de um profissional. É conveniente evitar adjetivos.

22. O repórter só deve escrever quando tiver total conhecimento sobre os fatos a serem reportados. Havendo dúvidas, deverá voltar a consultar as fontes.

23. É recomendável consultar advogados para identificar pontos vulneráveis no texto. Expressões e formas de relatar os fatos podem ser substituídas no texto sem comprometer a reportagem.

24. Uma segunda leitura, feita por um colega da redação, sempre pode ajudar o repórter a tornar o texto mais claro e a eliminar duplas interpretações.

25. O repórter deve ajudar o seu editor, entregando o texto com sugestões de títulos, subtítulos e legendas de fotos. Muitas vezes os processos são movidos por causa de pequenos descuidos em títulos, artes ou em quadros explicativos.

26. O jornalista deve procurar ouvir a parte atingida tão logo a reportagem seja publicada. Além de demonstração de zelo, boa-fé e disposição para retificações, essa iniciativa pode manter a exclusividade na retomada do assunto. Se os procedimentos foram corretos na fase anterior, o acusado vai preferir que a sua versão esteja no dia seguinte na mesma publicação.

27. Deve-se sempre manter a isenção, deixar claro que o trabalho é impessoal. Quanto mais espaço para garantir o contraditório, menor a possibilidade de a reportagem vir a ser interpretada como perseguição.

28. Finalmente, deve-se estabelecer como meta realizar reportagens tão bem apuradas e equilibradas que desestimulem desmentidos, no dia seguinte, ou ações judiciais no futuro. Se, depois desses cuidados todos, ficar comprovado o erro, o jornalista deve admitir o fato com naturalidade e honestidade e assumir sua responsabilidade.

Este livro foi impresso em março de 2008
pela gráfica Corprint sobre papel
chamois fine dunas 80 g/m².